図説

西洋建築の歴史

美と空間の系譜

佐藤達生

河出書房新社

西洋建築の歴史 目次

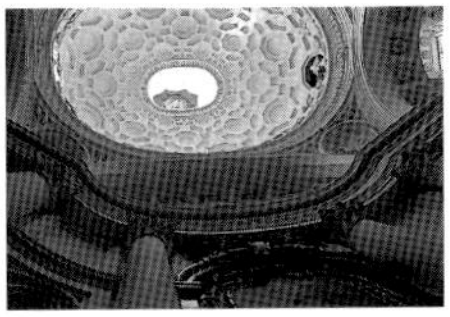

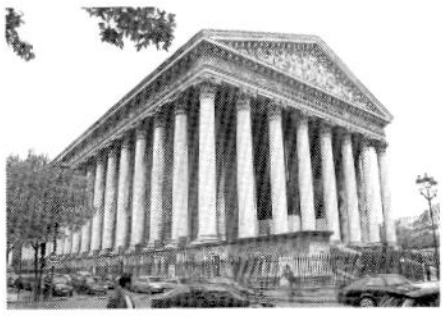

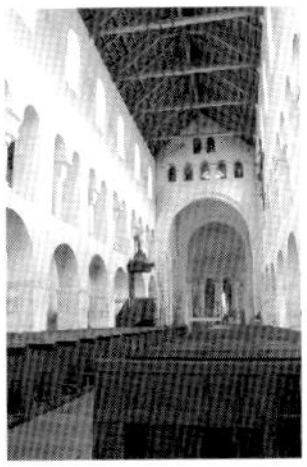

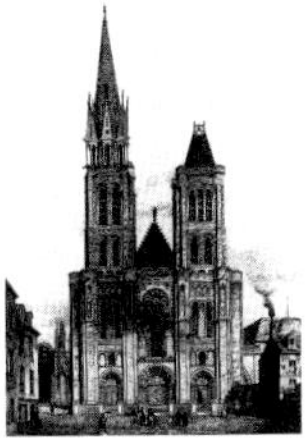

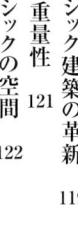

はじめに

本書は、ヨーロッパの過去の建築に関心をもつすべてのひとびとを対象に書かれたものである。専門知識をもたない多くの方々を念頭におき、平易な説明に心がけた。

本書における西洋とは、正確には西欧のことをいう。つまり東ローマ帝国の領土だった東欧を含まず、したがってその時代と地域の建築様式であったビザンティン建築には触れていない。また、ヨーロッパの建築に大きな影響を与えたはずのエジプト建築にも触れていない。その理由は、本書では、西洋建築の歴史を、造形原理のことなる二つの流れとしてとらえることに、力点をおいたからである。

流れの一つは、「オーダー」の造形原理にしたがう様式の系統（古典系と呼ばれる）である。オーダーとは、円柱とそれが支える水平材からなる、建築のもっとも基本的な構成部分で、ギリシア人によって普遍的な美の規範にまで高められたものである。い

わば、究極の形式であるから、これを捨てて最初から様式の創造をやり直すには、非常に長い時間を要する（新しい言語を発明するようなものである）。本書の扱う範囲では、ローマ人の古代からゲルマン人の中世へ、歴史が大きく転換したときに、そのようなやり直しが一度だけおこった。これが第二の流れを形成する。

中世の建築は、あらたな造形原理を構築したが、美の規範は生み出さなかった。中世建築のねらいは、美の形式にではなく、空間の内容にあったからである。

一方、ルネサンスのひとびとは、中世を否定し、古代ローマに回帰したので、ここに再びオーダーが、美の規範として復活することになる。しかも古代ローマの威光はきわめて強く、オーダーの普遍性は揺るぎがたいものだったので、これに代わる美的規範はついに現れることがなかった。

ヴィチェンツァのヴィラ・ロトンダ
（イタリア　1567〜）

パンテオン（ローマ　A.D.118～）のドーム：中央にあけられた
窓から差し込む太陽が格間付きのドーム表面を移動するさまは、
天体の運行の原理を想い起こさせる

第1章

様式の二つの流れ

二つの世界

ニース付近からフランスとイタリアの国境に沿って北上し、スイスを東西に縦断してオーストリアのウィーン盆地にいたる、全長ほぼ一〇〇〇㎞におよぶ山脈をアルプス山脈という。標高四〇〇〇m級の高峰を連ねるこの急峻《きゅうしゅん》な山脈は、歴史的・文化的にヨーロッパを二つの世界に分けてきた。地中海世界とアルプスの北側の世界である。

今日のヨーロッパ文化は、この二つの世界がそれぞれ独自に生み出した二つの文化に、源を発するといわれる。河の流れにたとえるならば、古代地中海世界に発し成熟した古典文化の流れは、ローマ帝国滅亡後、しだいに衰えて地中にしみ込み、アルプス以北の世界で生まれ成長しつつあった中世キリスト教文化の力強い流れに河床を譲る。しかし、古典の水脈は枯れることなく、ところどころで湧き水をつくりながら伏流《ふくりゅう》となって中世を生き延び、ルネサンスのイタリアにおいて再び奔流《ほんりゅう》と

ヨーロッパの衛星写真：中央部に見える雪の積もった部分はアルプス山脈。この急峻な山脈が、ヨーロッパを歴史的に二つの世界に分けてきた
©Product/Clear Light Image Products Agency/ARTBANK/SEKAI BUNKA PHOTO

なって地表に噴出し、キリスト教文化の流れに覆いかぶさる。合流した二つの流れは、ときに表層流となり、ときに底流となりながらも、しだいに混じり合って今日まで下ってきた。

本章では、以上のような文化史の流れを念頭におきつつ、ヨーロッパ建築の歴史と特質をごく大まかにつかんでみたい。

様式の二つの系統

様式とは、特定の作品や作品群に固有の芸術表現上の特徴のことをいう。とくに建築史や美術史では、歴史的な広がりのなかで作品をとらえるために、特定の時代と地域に普遍的にみられる特徴によって様式を定義する。ギリシア、ローマ、ロマネスク、ゴシック、あるいはルネサンス、バロックなどと呼ばれる様式がそれである。

これらの様式は、それぞれ固有の相貌《そうぼう》を呈してはいるが、それらの間にはよく似た造形的特徴をもつものと、そうでないものとが見いだせる。こうして、二五〇〇年以上にわたって展開されたヨーロッパ建築の様式は、それらの造形的な類縁関係をたどることによって、起源を異にする二つの系統にまとめることができる。

地中海世界に起源をもつ古典建築の系統（ギリシア、ローマ、ルネサンス、バロック、新古典主義《ネオ・クラシシズム》）と、アルプス以北のヨーロッパに起源をもつ中世建築の系統（ロマネスク、ゴシック、ゴシック・リヴァイヴァル）である。これらの系統は、すでに明らかなように、先に述べた二つの文化の流れに符合するものである。

まずは、二つの系統をたどりながら、ヨーロッパ建築の歴史を簡単に記述してみたい。

ヨーロッパ建築の流れ

紀元前一二世紀頃、先住民を駆逐《くちく》してペロポネソス半島と小アジア（現在のトルコ）の沿岸地域に定着したギリシア人は、紀元前七世紀頃から自らの様式創造を開始し、紀元前五～四世紀頃には、高度に洗練された芸術的才能によって、それを完璧の域にまで高めた。ギリシア様式が、歴史を超えて強い威光を放つのは、それが、重力の支持という建築のもっとも根源的な機能を、比類なき明晰さと豊かな象徴性によって、ある種普遍的な美として表現し、それをいくつかの典型にまで昇華させたからにほかならない。

ギリシア建築の最高峰：アテネのパルテノン神殿（B.C.447～432）

ギリシア様式は、その後ヘレニズム世界の拡大により、やや自由な解釈をともなって東地中海からオリエントにまで広まるが、この遺産を真に受け継いで新たなる展開を示したのは、ローマ建築である。紀元前二世紀以降、ヘレニズム世界に代わって地中海全域に覇権を確立したローマは、芸術的模範としてギリシア様式の吸収に努めるが、その神髄を完全に理解することよりも、それをさまざまの建築形態に適用することに大きな関心を示し、やがて優れた工学的才能と空間的構想をもって、独自の解答を見いだした。これら古代ギリシア・ローマの様式を合わせて、古典様式という。

ローマは、紀元一〇〇年頃には地中海のみならず、北はブリテン島、ガリア（現在のフランス、ベルギー、ライン河以西のドイツにほぼ相当する）から、東はメソポタミアにまでいたる大帝国を築き、各地に建築の足跡を残すが、やがて帝国内部の矛盾とゲルマン民族の侵入によって国力を低下させ、四七六年に滅亡した。これ以降、一五世紀のルネサンス開始までを中

ローマ建築の代表作：ローマのコロッセオ（A.D.70～80頃）

世という。

　三七五年のドナウ河渡河を皮切りに続々とローマ帝国領内に侵入したゲルマン民族は、混乱と摩擦を引き起こしながら領内を活発に移動するが、六世紀に入るとしだいに沈静化し、やがて各地に定着していくつかの国を建国した。以後、歴史の舞台は地中海からアルプスの北側に移動し、ローマ人に代わってゲルマン人が主役を演じることになる。

　いっぽう、パレスティナに発し、三一三年にはローマ帝国の公認を受けたキリスト教は、アルプス以北のガリアの地にも浸透して、中世ヨーロッパを支える精神的支柱となる。

　当初、固有の様式と呼べるほどのものをもたなかったゲルマン人は、先進であるローマの建築を移植しようとするが、大きすぎるローマとの文明的落差を解消することができず、結局のところ、満足な成果を生むにはいたらなかった。しかし、やがてキリスト教の精神をわがものとしつつ、民族本来の素質を徐々に開花させ、ついに古典建築とはまったく異なった原理に基づく建築様式を生み出すことになる。

様式の流れ略年表

	古典系	中世系
古代	ギリシア建築 B.C.7c〜B.C.2c ローマ建築 B.C.2c〜A.D.4c	初期キリスト教建築 A.D.3c〜6c
中世		カロリング朝建築 8c〜9c ロマネスク建築 10c〜12c ゴシック建築 12c〜15c
近世	ルネサンス建築 15,16c マニエリスム建築 バロック建築 17c ロココ建築	
18・19世紀	新古典主義建築《ネオ・クラシシズム》	ゴシック・リヴァイヴァル
	歴史主義建築	

　すなわち、九世紀頃にローマ建築のゲルマン的・キリスト教的復興を試みた（カロリング朝建築）後、ヨーロッパが共通の文化的まとまりをみせる一一世紀から一二世紀には、各地に地方色豊かなロマネスク建築を成立させた。そして一二世紀中頃、ロマネスクのなかに含まれていた潜在的な可能性を極限まで追究することによって、ゴシック建築を創造するにいたった。

　ゴシック建築は、パリを中心とする半径一五〇㎞ほどの、イール・ド・フランスと呼ばれる地域で発生し、成熟した後、一三世紀以降はフランス式としてヨーロッパ全土に広まり、その地の建築的伝統と結びついてさらに発展した。ゲルマン人の独創性は、ゴシック建築においてはじめて、古典古代の建築と肩を並べる結実をみたといってよいであろう。

ロマネスク建築の傑作：マリア・ラーハ修道院聖堂
（ドイツ　1093頃〜）

中世という時代は、いわば人々が教会の絆によって宗教的世界のなかにしっかりと固定され、安住していた時代である。一五世紀イタリアのフィレンツェに始まったルネサンスは、このような世界を大きく転換させることになる。人間を教会の束縛から解放し、自らの価値に目覚めさせ、中世を終わりに導いたのである。その模範となったのが、古代ローマの思想であり、芸術であり、文化であった。古典の再生（＝ルネサンス）である。ここにおいて、ローマ帝国滅亡後ほぼ一〇〇〇年の間衰退していた古典建築は、再び新たな生命を与えられた。

ルネサンスの建築家は、ローマ建築の研究を通じて古典の理念を再発見し、それを創作の規範としながら、人間的で格調高い様式を創造した。

フィレンツェに発した優雅で軽やかなルネサンス建築は、ローマにおいてモニュメンタルで厳格な性格を身につけ、様式的完成をみる。そして、一六世紀に入るとアルプス以北の国々にも広まり、終焉を迎えていたゴシック建築に取って代わり、それぞれの文化的背景のなかで個性的な表現を生んだ。

しかし、いったん理想を達成し終えたルネサンス建築は、古典の言語を用いながらも、今度は技巧や破《は》調《ちょう》のなかに新たなる美を模索しはじめる（マニエリスム）。

アルプス以北の国々においては、ルネサンスの時代はまた、宗教改革の時代でもあった。ローマ教皇庁は、

ゴシック建築の代表作：ランスの大聖堂
（フランス　1211～）

ルネサンスの開始を告げるブルネレスキの名作：
フィレンツェの捨子養育院（1421～）

自らの浄化に努めつつも、この北の新興改革勢力に対して激しい反宗教改革運動を展開する。反宗教改革による宗教的情熱の熱狂的な高まりと、ルネサンス後の様式模索のなかから生まれたのがバロック建築である。バロックは、古典の流れを汲み古典の言語を用いながらも、古典の規範を破ることによって新しい表現の可能性を切り開いた。

一七世紀のローマに発したバロックは、躍動的で華麗な性格ゆえに、アルプス以北には絶対主義王政と結びついて広まり、宮廷建築などを中心にさまざまの表現を生んだ。フランスでは、やがて宮廷や上流貴族の生活様式のなかで、しだいに華美、繊細なものとなり、装飾的なロココに移行する。

一八世紀は理性の時代といわれ、多くの知的探求や科学的発見がなされた。建築の分野においては、古典の源流としての古代建築が、歴史学・考古学の成果として、ルネサンスの人々の理解をはるかに凌《しの》ぐ正確さと深さをもって再発見される。こうした背景から、古代的純粋さを理想とし、考古学的正確さでそれを実現しようとする新古典主義（ネオ・クラシシズム）が生まれた。この様式は、古典的規範から逸脱し、理性よりも熱情に価値を見いだすバロックやロココに対する反動の表れでもあった。

また、この時代、ギリシアがローマに先行する古代文明として発見されたことに刺激され、一九世紀に入ると、新古典主義は、とくにドイツ

バロック建築の傑作：ローマのサン・カルロ・アレ・カトロ・フォンターネ聖堂（1638〜）

とイギリスで、ギリシア建築を模範とする方向に進んだ。

　いっぽう一八世紀末から一九世紀初期にかけて、啓蒙主義の理性万能に対する反動として、ロマン主義運動が起こる。情感や直観を重視し、現実的なものよりも空想的・神秘的なものに価値をおくこの思潮は、ヨーロッパ中に波及し、建築にも影響を与えた。具体的には、アルプス以北の人々にとって身近な過去である中世にあこがれの眼を向けさせ、とくに中世建築の伝統を温存してきたイギリスを中心に、ゴシック・リヴァイヴァル（ネオ・ゴシック）となって現れた。

　一九世紀には新古典主義とゴシック・リヴァイヴァルが併存し、さらには、ルネサンスやバロックまでもが再興の対象となる（ネオ・ルネサンス、ネオ・バロック）。こうして一九世紀末には、過去のあらゆる様式が出そろい、すべての様式の価値が相対化された。その背後では、近代建築を準備する根本的な変化が進行していた。


　以上、ギリシアから近代直前まで、建築様式の流れを簡単にたどってみた。ここでは系統的な流れの記述に的を絞り、様式の特徴についてはふれなかった。それについては第2章と第3章で詳しく論じることにする。

　以下、二つの系統の本質的な相違について話を進めていきたい。それぞれの様式を理解するための基礎がためである。そうするなかから、建築の様式を成り立たせている基本的な条件のようなものが、見えてくるのではないかと思う。

新古典主義建築の代表作：ロンドンの大英博物館（1781～）

ネオ・バロック（歴史主義）建築の傑作：パリのオペラ座（1825～）

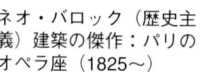

建築の二つの機能
「支える」ことと「囲う」こと

機能の話から始めようと思う。建築が建築であるためのもっとも基本的な機能（役割）とは何であろうか。筆者は、「囲う」ことと「支える」ことではないかと考えている。

暑さや、寒さや、湿り気。雨や、風や、強い日差し。猛獣、害獣、害虫。敵、盗賊、見知らぬ人、隣人。これらは人間の生存を脅かすものであり、ときに快適な生活を妨げるものである。それらから身を護り、安定した生活を維持していくために、人間は住居という囲いをつくった。はじめはきわめて単純な囲いであったと思われるが、おそらくそれが建築の原初的な姿である。建築は、囲うことから始まった、といってよいであろう。

しかし囲うことは、単に危険や脅威や不快なものから身体を庇護することだけを意味したのではない。というよりも、そのことにとどまっていたならば、真の建築は生まれなかったであろう。囲うということは、空間の無限の広がりのなかから特定の場所を選び、そこに一つの限られた広がりをつくりだすことである。他から区別される特別の場所をつくり、生活の中心を定めることである。居場所を定めるといってよいかもしれない。

居場所とは、そこから外の世界に出ていき、またそこに帰ってくる基点である。世界とかかわる固定点であり原点である。したがって、居場所を定めることは、世界のなかに自分自身を定位させることである。

混沌とした無限定の世界に漂っている人間は、小さく不安で頼りない存在である。だから、自分自身をつなぎとめておくために中心を定め、世界との関係を確立しなければならないのである。そうすることによって、はじめて世界は秩序あるものとなり、人間は自分自身の生を生きることができるのだという。人間は、いわばそのような大小無数の中心の連鎖のなかに生きている、といってよいであろう。

それらの中心は、必ずしも囲われていないかもしれない。たとえば、草の上に敷かれたビニールシートは、ピクニックを楽しむ家族にとっては、ひとときの間、ささやかな中心である。また、はるか昔、聖なる岩や聖なる木や聖なる泉は、土地の人々の魂をつなぎとめておく強力な中心であった。しかし、囲いのない中心は、境界が不明瞭である。したがって誰にでも明らかとはかぎらないので、不用意に侵される危険性がある。だから、人間の生活に深くかかわる中心は、囲いをつくって境界を明確にし、保護されねばならないのである。

住居、学校、病院、オフィスビル、図書館、劇場、美術館、役所、ホテル、要するにすべての建築は囲いである。ところで、ピラミッドは建築であろうか。ピラミッドもまた、王の棺を覆う強固な囲いであり、建築である。人間のための内部空間をもたないこのような宗教的構築物も、それが死者の魂の住みか、神の住まい・居場所として構想されるかぎり、建築であり、囲いである。

建築の「囲う」という機能は、以上のように、人間の生にとってきわめ

ピサのサン・ピエロ・ア・グラード聖堂（イタリア・ロマネスク　12世紀）:「囲う」ことの端的な表現

アイギナのアファイア神殿（ギリシア B.C.500頃）:「支える」ことの直截な表現

て深い意味をもつものである。だからこそ、その意味を表現すべく、創造の情熱が傾けられてきたのである。

話題を、「支える」機能に進めよう。

建築は大地に根ざしたものである。なぜなら、「囲い」は、無限に広がる地形の中から、とくに「選ばれた場所」だからである。その場所は、水はけが良く、涼しい風が吹き抜ける心地よい場所だったのかもしれないし、そこから見える山の峰々の姿がとくに神々しかったのかもしれない。あるいはまた、聖人の殉教の場所だったのかもしれない。さまざまな理由があるだろうが、この場所は、他の場所と異なる特別の場所として選ばれたのである。それゆえに、建築は、この場所、すなわち大地のこの特別の一点から立ち上げられねばならないのである。

建築が大地に根ざすかぎり、重力は建築の宿命である。建築だけでなく、地球上のあらゆる物体は、重力の作用を免れることはできない。だが、すべてのものの形状が、重力によって決定されているわけではない。たとえば、船や飛行機もまた重力の作用を受けるが、全体の形状を決定するのは、むしろ運動時に受ける水や空気の圧力や衝撃力、あるいは慣性力などの動的な力である。

また、地上に固定されたものでも、犬小屋のような小さなものにとっては、重力はそれほど大きな決定要因ではない。小さな物体においては、通常、それ自身の重さによって部材の内部に生じる力の大きさが、材料の強度をはるかに下まわるからである。一般的に、大きなものほど、重力の作用（それ自身の重さ）が形状に大きく影響するといってよい（犬小屋が自分自身の重さで潰れることはほとんどありえないが、大規模な構造物は潜在的にその危険をはらんでいるといってよい）。

建築は、大地に立つゆえに、そして人間の生活空間を覆うほどに大きな構造物であるがゆえに、重力の支配を受けるのである。「囲い」が存続するためには、この力に耐えて、形状を永続的に維持しなければならない。重力を「支える」ことによって「囲い」を永続させる。これが建築に与えられた使命である。

機能の二つの表明
「柱」と「壁」

建築は一つの造形芸術であり、彫刻もまた一つの造形芸術である。どちらも立体的な造形という点で共通しているが、建築が彫刻と大きく異なるのは、建築の造形が、「支える」ことと「囲う」ことに奉仕しなければならない点にある。ここに、建築表現の基本がある。この二つの機能を表明するのが、「柱」と「壁」である。

オーダーが壁面の構成を決定する古典系（ルネサンス）の教会堂ファサード：ヴェネツィアのサン・ジョルジョ・マジョーレ聖堂（1566〜）

ここで一つの命題を提示してみたい。本来、「支える」機能は「柱」によって表明され、「囲う」機能は「壁」によって表明される、と。もちろん、柱も、閉じられた平面図形にそって一定間隔に並べられれば、それは「囲う」ことである。また、壁が多くの場合に重力を「支える」ことも、物理的には自明なことであろう。しかし、ここでは、一本の柱と一枚の壁の単純な姿が人に与える感覚と、それのもつ基本的な意味について、考えてみたい。それが、ここでいう本来の機能ということである。また、機能を表明するということは、そのものが果たすべき本来の機能を、その外見によって示すことである。

なお、「天井」と「屋根」もまた、「囲う」機能の表明であり、建築の空間表現にとって不可欠の要素であるが、ヨーロッパ建築の二つの系統を対比的に論じようとする本章では、論題から外した。

あらゆるものを大地に引き戻そうとする鉛直の力が、重力である。この力に抗して、物体を押し上げようとする力を発揮することが、「支える」ことである。十分な太さをもって大地に直立した一本の柱は、この支える力の大きさと方向を端的に表している。

オーダーの統率を受けず自由に造形される中世系（ロマネスク）の教会堂ファサード：ヌヴェールのサンテチェンヌ聖堂（フランス　1063〜）

柱が鉛直方向（支える力の方向）にだけ方向性をもっていることは、「支える」感覚を生み出す大きな要因である。これに対して、壁は、鉛直方向だけでなく、水平方向にも広がりをもつ。しかも、普通は鉛直方向よりも水平方向への広がりが大きい。そのため、壁においては、鉛直方向の指向性が弱まり、「支える」ことの表現性が薄れるのである。

壁の特質は、むしろ面としての横への広がりのうちにある。壁は、横への広がりによって視線を遮り、事物を背後に隠す。隠すことは何かを護ることである。この意味からは、「壁」は自立したものでなく、別のものに「支えられた」薄い板や幕のようなものでもよいわけである。もちろん、頑丈な自立した壁であれば、物理的にも人やものをはね返し、それらの侵入を防ぐ。しかし、この場合にも、壁の役割は、重力を支えることではなく、正面からの力や攻撃に耐えることによって、背後の何かを護ることにある。

こうして、人は、何かをまわりから隠し、護るために、柱ではなく壁で「囲う」のである。「壁」にとって厚さは、「囲い」の防御の強さを表すものであって、重力の大きさを表すものではない。しかし、「柱」にとって太さは、支える重力の大きさを表す。したがって、「柱」は、重力を支えるために、そして支えているように見えるためには、それにふさわしい太さを必要とするのである。

以上が、「柱」と「壁」のもつ本来的な意味（表明する機能）である。「柱」と「壁」が表明する機能は、どちらも建築にとって根源的なものであるがゆえに、建築造形の拠りどころとなり、それぞれの意味に根ざした造形の論理を生むことになる。

ヨーロッパの建築様式は、この二つの論理の二者択一によって、基本的性格を身につけたように思われる。結論を述べると、古典建築の系統は「柱」の造形論理にしたがって、中世建築の系統は「壁」の造形論理にしたがって、それぞれ様式的特徴を形成したのではないかと考えられる。

ただ、ここで誤解がないように付け加えておきたいのは、古典建築の系統が「囲う」ことと壁を、また、中世建築の系統が「支える」ことと柱を放棄したのではない、ということである。「柱」の論理と「壁」の論理は、あくまで建築の外見にかかわる造形の方法論なのであって、「支え」「囲う」機能そのものは、どちらも建築それ自身によって立派に果たされているのである。

古典系建築の壁面はオーダーによって統率される：ヴェルサイユ宮殿庭園側の南立面（フランス・バロック　17世紀）

中世系建築の外観は内部の空間表現の結果である：ブールジュ大聖堂（フランス・ゴシック　12世紀末）

column

日本建築は屋根の建築

大きなヴォリューム

日本の建築は、「屋根」の造形を重視した建築といえよう。

日本建築の屋根は、外国のどの建築よりも美しく、存在感があり、かつ表現力に富んでいる。「ゆく秋の大和の国の薬師寺の塔の上なる一ひらの雲」と詠われた薬師寺の東塔は、屋根の重なりの美を芸術的表現にまで高めた傑作であり、日本人の心象風景の一つとなるほどに、風土のなかによく溶け込んでいる。

日本で屋根の造形が発達した理由は何であろうか。

屋根の役割の第一は、いうまでもなく雨の侵入を防ぐこと（砂漠地方では日差しを遮ること）にある。日本列島の大部分は、温帯モンスーンに属し、年間を通じて雨がよく降る。雨の多い日本では、屋根の勾配を急にする必要があるが、このことは、棟の高さを高くすることを意味する。そのため、屋根はヴォリュームが大きくなり、存在感を増すことになる。

美しい曲線

屋根の急勾配は、それだけでなく、屋根の曲線にも関係している。建物の外壁から屋根の先端までを軒《のき》というが、日本の建築はこの軒の出が深いのが特徴である。雨の吹き込みを防ぎ、強い日差しをカットするためである。

寺院建築の軒下にみられる複雑な構造（組物《くみもの》という）は、軒を支える桁《けた》を外壁よりも外側に持ち出し、軒の出を深くするための仕組みである。この深い軒の出により、日本建築の軒下には、水平の強い陰の部分が生じ、それが屋根のヴォリュームをいっそう際立たせることになる。

ところが、急勾配のまま軒の出を大きくすると、軒の先端が下方に伸び、建物の外壁に覆いかぶさってしまう。そこで、上部から中ほどにかけては急勾配を確保しながらも、軒の部分では緩勾配としなくてはならない。この勾配の変化をなめらかに連続させたのが、日本建築の屋根の曲線である。

たっぷりとした量感を保ちつつも重苦しさに陥らず、優美な曲線を実現しているのは、変化に富んだ四季としっとりとした自然環境のなかで培われた、日本人特有の鋭敏・繊細な美意識である。

屋根の重なりが美しい薬師寺（奈良　8世紀）の三重塔

周囲の自然とよく調和する清水寺（京都　17世紀）本堂の屋根

柱とその並びがつくりだすギリシア建築の力強い立体的外観：アテネのパルテノン神殿

二つの様式
ギリシア建築とゴシック建築

以下、「柱」と「壁」の二つの造形の論理に即して、様式の二つの系統の基本的性格を明らかにしてみたい。

先に述べた様式の流れから判断できるように、古典系の造形原理は、その源泉であるギリシア建築に、また中世系の造形原理は、その最高の到達点であるゴシック建築に、もっとも純粋に表れていると考えられる。実際、ギリシア建築は「柱」の論理から普遍性のある美を導き、ゴシック建築は「壁」の論理を極限にまで推し進めて独自の空間を創造した。そこで、ここでは、ギリシア建築とゴシック建築を対比しながら論を進めることにする。

ギリシア建築の美は、一言でいうと、柱とその並びがつくりだす力強い立体的外観にある。

柱と、その上に横たわる水平の梁《はり》は、明瞭な輪郭と充実した量塊（マッス）をもって、それぞれの力学的役割を、簡潔に表現している。梁の

重力の感覚を喪失したゴシック建築の膜のような壁：ランス大聖堂

たくましい軀体《くたい》は、屋根と自らの重みに耐えつつ、全重量を柱に加える。柱は、張りのある胴体のうちに重力に抗する力を満たし、直立の姿勢をもって、梁からの重量を静かに受け止めている。

直立する柱の姿にそのような力を感じるのは、われわれ自身が、二本の脚で大地に立つ生き物だからである。直立することは、重力に抗し、全身の筋肉を使って自分自身の肉体を持ち上げ、バランスをとることである。重力は感覚として、われわれの体内に確かに存在する。ギリシア人は肉体の感覚を通して、柱に、直立し自立する自分自身の姿を見たのである。

ところで、建築を支える力学的仕組みは、柱と梁だけで完結しているのではない。それは、軒《のき》（建物外縁部よりも外側に突き出た屋根の部分）、そして軒を支える梁、梁を支える柱、柱を支える床、床を支える大地、というように、支え—支えられる一連の関係として存在する。この、柱を主役とする床から軒までのワンセットを、オーダーという。

ギリシア建築は、このオーダーを建物外周に配置することによって、構成されている。したがって、オーダー各部の形状と寸法は、建築全体の造形を左右するきわめて重要な要素ということになる。そこで、形状と寸法の拠りどころとなり、しかも外観に格調を与えるような一定の規範というものが、自ずと求められる。こうしてギリシア人は、高度の芸術的洗練により、性格の異なる三種のオーダーを創造した。

オーダーの配置を決めるということは、並べる円柱の数と間隔を、建物の幅および高さとの関係において決めることである。オーダーは種類によって固有のプロポーションをもつから、これは必然的に、部分と全体の数的比例の問題にゆきつくであろう。ギリシア人は、調和と均衡という観点からこの比例を追究し、建築に美としての統一を与えたのである。

このように、ギリシア建築が重力の感覚に満ちた立体的な柱の建築であるとするならば、ゴシック建築は、重力の感覚を喪失した膜のような壁

重力の感覚に満ちたギリシア建築の立体的な柱：パルテノン神殿

の建築、ということができる。

　壁を膜のように薄く見せている大もとは、壁面のあらゆる部分を縁取り、分割する、丸くて細長い棒状の要素である。これを線条《せんじょう》要素という。ゴシック建築では、床から天井まで、石の堅い部分だけでなく窓や開口部も含めた壁面全体が、見かけ上、線条要素によって編まれた格子のような構造と化している。この格子が壁の実際の厚みを隠すので、壁全体が膜のように薄く見えるのである。

　線条要素の格子のうちでもっとも強く視覚に訴えるのは、柱に沿って床から天井まで立ちのぼる幾筋もの線条要素の束である。この束は、力が集中すると見える部分に沿って配置されているが、実際に力を支えているわけではない。力を支えているのは背後に隠された石造部分であり、線条要素の束は、その表面で、力の流れの筋道を図式的に示しているにすぎない。しかしわれわれには、こ

アミアン大聖堂（フランス　1220〜）身廊シャフトの見上げ

れらの線条要素が建物を支えているように見えるので、われわれはそこに、線条要素の細さに見合った軽さ（重量のなさ）を感じることになる。

ゴシックの壁は、このようにして重力の感覚を拭い去っているのである。ゴシック建築の特質は、膜のような壁がつくりだす非物質的で超自然的な内部空間にある、といってよい。ゴシック建築の部材の寸法と配置は、このような空間をつくりあげるために自由に決定されるのであって、ギリシア建築のような、造形の根拠となる美的規範は存在しない。

ギリシア的性格とゴシック的性格

ここで、ギリシア建築とゴシック建築の性格を、対比的にまとめておこう。

ギリシア建築の立体的な「柱」がつくるのは、輪郭の定まった簡明な外観であり、ゴシック建築の膜のような「壁」がつくりだすのは、境界の定かでない深遠な空間である。

ギリシア人が、大地に立つ柱のな

シャルトル大聖堂西正面扉口の浮彫：ゴシック芸術の神的表現

かに人間の崇高さをみたのに対し、ゴシックの人々は、膜のつくる天上的空間に神の偉大さをみた。

いっぽう、ギリシア建築の「柱」の立体的な姿は、オーダーによって規定され、ゴシックの「壁」の膜のような特質は、線条要素によって規定されている。オーダーと線条要素は、それぞれの建築造形の基本となる原理であり源泉である、といってよい。

オーダーは、重力を現実のものとして肯定的に受け入れ、その存在を具象的に表現する。これに対し、線条要素は、重力を欺き、それに代わる仮想の力を抽象的に表現する。オーダーは石の物質性を肯定し、線条要素は石の物質性を否定しているともいえよう。

理念として比べるならば、ギリシア建築は、オーダーによって理知的で調和的な美の創造をめざし、ゴシック建築は、線条要素によって神秘的で超越的な空間の創造をめざした。これらの理念はまた、ギリシア建築においては地中海的明朗さをもって、ゴシック建築においてはキリスト教的厳粛さをもって表現されている。

これらを表にまとめてみた。

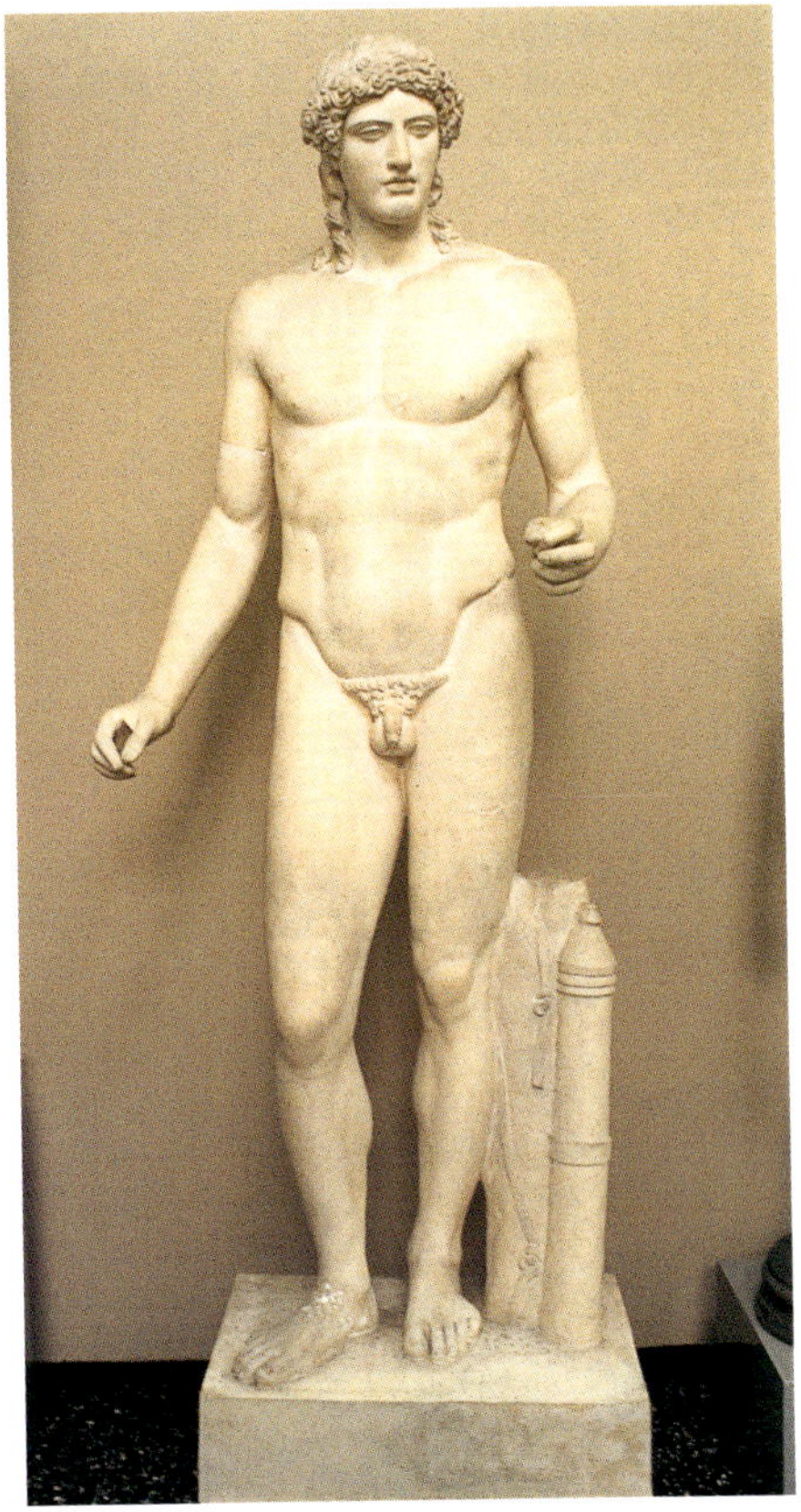

カッセルのアポロン神像：
ギリシア芸術の人間的表現

二つの様式の対比

	ギリシア建築	ゴシック建築
造形の原理	「支えること」	「囲うこと」
機能の表明	「柱」	「壁」
表現の特質	柱の並びがつくりだす明瞭な輪郭をもった力強い立体的外観	膜のような壁がつくりだす境界の定かでない深遠な空間
造形の意味	大地に立つ彫刻的な柱の中に人間の崇高さをみる	膜のような壁がつくりだす天上的空間に神の偉大さをみる
造形を規定するもの	柱の並びによる立体的な外観を規定するのはオーダーである	膜のような壁の造形を規定するのは線条要素である
重力に対する態度	オーダーは重力を現実のものとして受け入れ、それを具象的に表現する	線条要素は重力を欺き、それに代わる仮想の力を抽象的に示す
造形の理念	オーダーによる理知的で調和的な美の創造をめざす	線条要素による神秘的で超越的な空間の創造をめざす

太陽の光に恵まれた地中海的風景：エーゲ海に面したシデ（南トルコ）のアポロン神殿（A.D.2世紀）

京（一六五時間）の四分の一にすぎず、日本海側の新潟（五八時間）と比べてさえ一八時間も少ない。冬の日照の少なさは、緯度が高い（サハリンの中ほどに相当）ことにも起因している。冬の一日は短く、朝は九時頃ようやく明るみ、夕方の四時頃にははや暗くなる。そして、太陽の高度が低いので、たまに日が差すことがあっても、その光は弱々しい。

冬のヨーロッパの薄暗がりのなかでは、ものの輪郭ははっきりせず、個々のもののそれ自身の性格は明瞭に表れてこない。ものは、立体性があいまいとなり、色彩は鈍らされ、現実性が捨象《しゃしょう》された姿――つまり、より抽象化された姿においてしか自分自身を現さない。このような視界にあっては、意識は外に向かわず、内面に沈潜《ちんせん》することになる。

このような気候に加え、人々の精神に影響を与えたのは、森である。今日でこそ、広々とした耕作地や牧草地がどこまでもつづくが、ゲルマン人がやってきた頃のヨーロッパは、ブナやナラやカシの鬱蒼とした原生林に覆われていた。中世には開墾が進むが、それでも大地の大半は森で、都市や村や耕作地は、原生林の大海に浮かぶ島のような存在であった。

中世の人々にとって、森は、獣や盗賊や妖精や得体の知れない魔物が潜み、一度迷い込んだら、再び生きて帰ることのできない恐ろしい空間であった。森は湿り気を蓄えるので、霧を発生させ、見通しをいっそう悪くする。森の特質は、全体をとらえることのできない、計り知れない奥深さにあるといってよいであろう。中世の人々にとって、森は、神秘と怖れの源泉であった。

ゴシックの空間は、陰鬱な気候に由来する抽象性と内面性、森に由来する無限の深さをともなった神秘性、そして、それらに共鳴したキリスト教の超越性から生まれたものである。

アルプス北側の暗鬱な11月の風景：
パリのノートル・ダム大聖堂
（1163～）

構造の方式と造形の論理

ここで、話を再び建築の歴史に戻したい。

ヨーロッパの建築は、石やレンガなどブロック状の材料を用いてつくられるので、構造の方式からいうと、柱を立てて梁を架《か》ける方式（架構《かこう》式という）よりも、壁を組み上げる方式（組積《そせき》式あるいは組積造《そせきぞう》という）のほうが安定しており、つくりやすい。

ギリシア建築が架構式の表現をとるのは、もともと木造（架構式に適する）であったものを、石造に置き換えたものだからである。そして、このときに架構式の表現を捨てなかったのは、柱の姿が喚起する崇高な感覚のためではなかったかと想像される。

もっとも、ギリシア建築でも、柱だけからなる建築というのはまれで、神像の安置や人間の生活のために室内をつくる必要のあるところは壁で囲い、外周や正面など外観を決定する造形上重要な部分に柱を配置している。つまり、ギリシア建築における柱は、機能の必要性からではなく、むしろ美的・造形的な理由から採用されているのである。

柱だけで閉じられた内部空間をつくることは、事実上は不可能であろうから、ローマ建築以後、内部空間が発達し、囲うことの重要性が増してくると、組積式にふさわしい造形表現が求められることになる。ギリシア建築の表現は例外的なのであって、ヨーロッパ建築は、古典建築と中世建築の別を問わず、構造の方式としては組積式であり、壁の建築なのである。

しかし、オーダーはきわめて完成度の高い美の規範であったから、これを捨てて、壁の建築にふさわしい新たな造形の原理を生み出すのは容易なことではない。そこでローマ人は、手っ取り早い方法として、壁にオーダーを貼り付けたのである。ローマ人らしい実用的な発想であったが、この方法はきわめて有効であった。以後、古典系の建築は、構造方式としては壁の建築でありながら、その造形においてはオーダーの原理にしたがうことになる。

いっぽう中世建築は、オーダーから離れることによって、独自の造形原理（線条要素）を獲得した。古典建築が、壁の前面に柱を配置し、あるいは壁の表面に柱を貼り付けて造形するのに対し、中世建築は、壁に穴をあけて柱を形成することから始まった。

そして、さらに壁の一部を窪ませ、盛り上げることによって壁の造形を発展させた。ゴシック建築では、壁が膜のように薄くなるが、これは、壁を力学的な役割から解放し、力学的役割を受け持つ部分を骨組み化することによって可能となったものである。

したがって、次のようにいうこともできよう。古典建築（ローマ以後）は力学的には壁の建築であるが、造形的には柱の論理にしたがう。これに対し、ゴシック建築は力学的には骨組み（柱）の建築であるが、造形的には壁の論理にしたがう、と。

これらの詳細については、第2章と第3章で論じることとしたい。

第2章

古典系建築の流れ

1 ギリシア建築

調和と比例

古代ギリシア・ローマの古典建築、およびルネサンス以降の古典系建築に共通するもっとも基本的な美の概念は、「調和」である。

ギリシアの空は、真に青く深い。ギリシアでは空気が乾燥しているので視界が澄みわたり、地形はくっきりとした輪郭を現している。樹木が少なく、地形は白っぽい石灰岩質のたくましい肌をいたるところに露出させ、真っ青な空とみごとな対比を見せている。強い日差しは岩肌に鮮明な明暗対比を生じさせ、それによって地形は、自らの量塊を透明な空間のなかに際立たせる。

ここでは、目に見える風景は、四季の変化のなかで移ろいゆく心象的・印象的なイメージなどではなく、確固としてそこに存在する疑いようのない客観的実在である。ギリシアの明瞭な調和は、空間と地物の明瞭な「対比」に示されるような、形象的・客観的な実在として把握しうるものである。

アクロポリスのプロピライア（神域への入り口）

プロピライアからパルテノン神殿を見る

強い日差しは岩肌に鮮明な明暗対比を生じさせ、それによって地形は自らの量塊を透明な空間の中に際立たせる：アテネのアクロポリス

そのようなギリシア的調和の具体的な表れが、「比例」である。比例とは、部分と部分、部分と全体の対比を表す数的な概念であり、ギリシア的な調和とは、そのような理知的・合理的な概念によって把握され、また表現される均衡と安定のことをいう。

古代ギリシアの哲学者ピタゴラスは、究極の実在を数のなかに求め、万物は数の関係にしたがって秩序あるコスモスをつくると考えた。彼によれば、世界は比例によって成り立つ調和ある存在とされるのだが、こうした思想のなかに、数的秩序のもつ明断性を好むギリシア人の性格が端的に表れている。

視覚芸術に的を絞るならば、建築は幾何学に立脚した芸術であるがゆえに、比例はここにおいてもっとも有効な創作の原理となりえた。

神殿

ギリシア人が精魂を傾けた建築は神殿である。

平野にそびえる岩山の頂上や、入り江に突き出た岬の先端、谷を見下ろす岩棚の上など、そこに神々が住むとみえるそれ自体霊的な地形のなかから、特別の一点が注意深く選ばれ、神殿が建てられた。

神殿は、空間から切り出された一個の独立した造形物として、土地そのものを讃《たた》えているかのようである。

神殿は外から眺められる建築である。内部に神像を安置するが、人間が礼拝するための空間はない。祭壇は外部（通常は東側正面のすぐ前）に置かれ、祭儀《さいぎ》は神殿に対面しておこなわれた。

神殿は、三方を壁で囲い、残りの一方を入り口とした長方形のホールを原型とする。はじめは、入り口の両袖壁の間に二本の円柱が立てられただけであったが（この原初的な神殿の形式をインアンティスと呼ぶ）、やがてホールの四周を円柱で取り囲む形式（この形式をペリプテロスという）が現れ、これが神殿の典型となった。

周壁のまわりを列柱で取り囲むことの意味は、何であろうか。神像を風雨や日差しから保護するという機能は、周壁で囲うことによって、すでに十分に満たされている。しかも、

アクロポリスとパルテノン神殿

アイギナのアファイア神殿

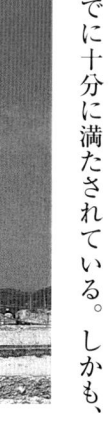

列柱部分を柱廊として使用するような、特別の祭儀習慣があったことも知られていないことから、純粋に視覚的な意図以外には考えられない。

列柱は、神の家にふさわしい、格調高い外観を与えるための芸術的手段として選ばれた、と想像されるのである。以後、ギリシア人は五〇〇年の長きにわたって、この単純にして明快な神殿の形式を墨守し、完璧なる調和の美を創造すべく、ただひたすらその洗練に努めた。

ギリシア建築の本質は、まさに、この列柱にこそ存在するといってよい。

ギリシア建築の三つのオーダー

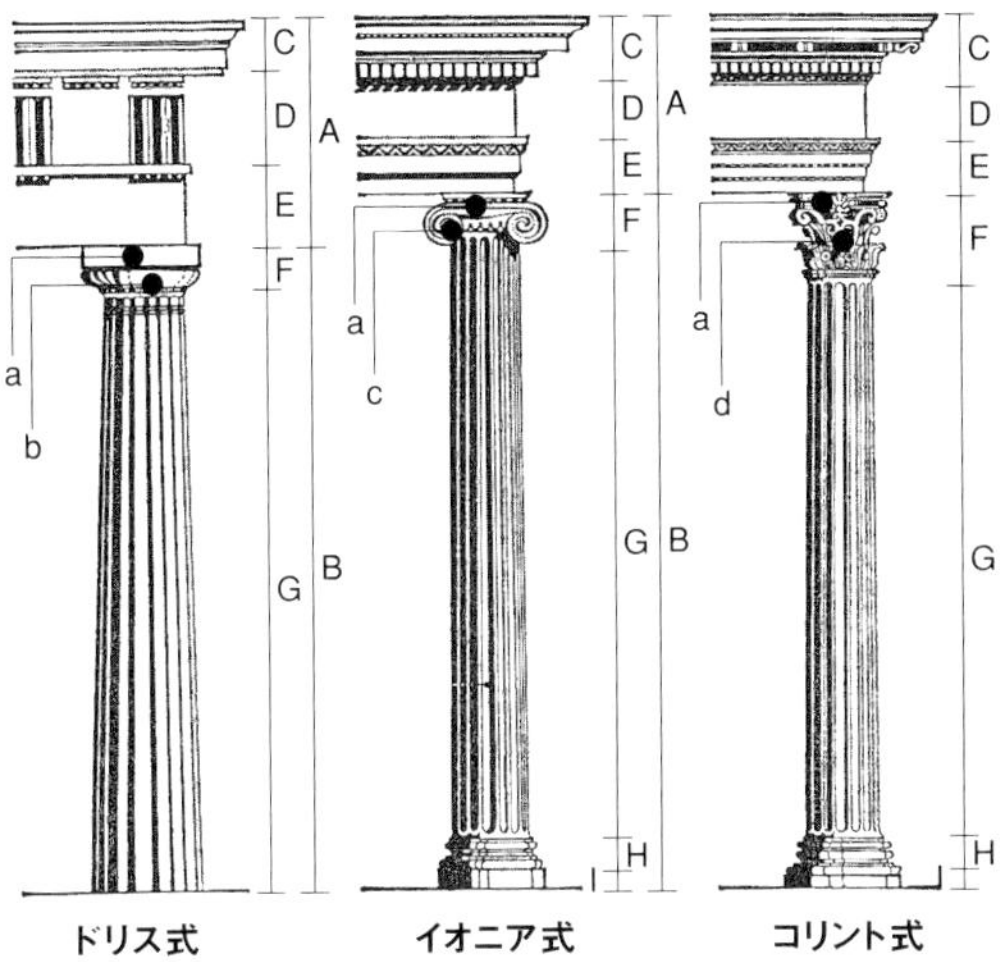

A エンタブラチュア　B 円柱　C コーニス(軒)　D フリーズ
E アーキトレーヴ　F キャピタル(柱頭)　G シャフト(柱身)
H ベース(柱礎)　I プリンス(方形台座)
a アバクス　b エキノス　c ヴォリュート(渦巻き)　d アカンサス

ギリシア神殿の構造と各部名称

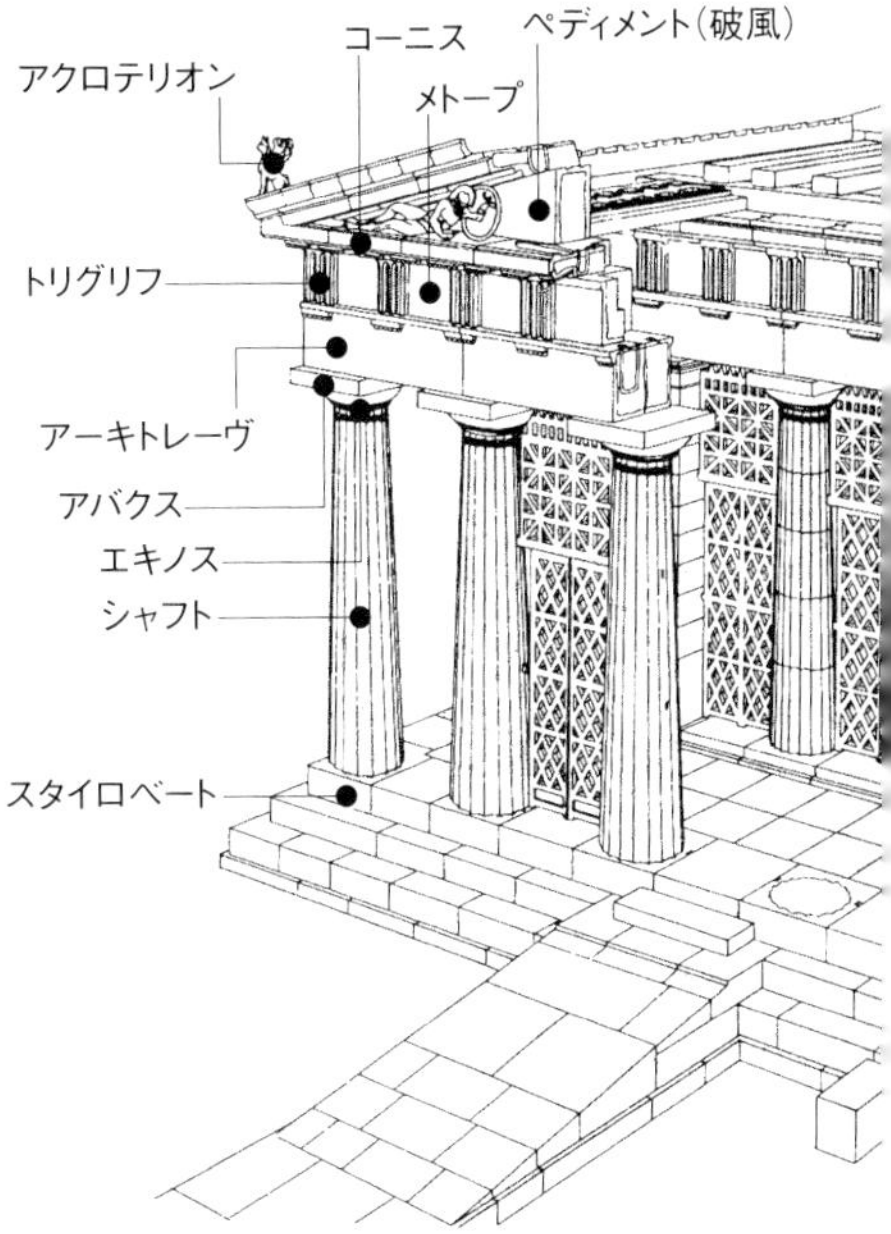

三つのオーダー、五つのオーダー

柱を主役とする、床から軒までの一連の要素を「オーダー」と呼ぶことは、前章で述べたとおりである。オーダーは、古典建築・古典系建築の造形を根本的に規定するほどに重要な要素であり、中世系の建築から区別されるもっとも特徴的な要素でもある。

ギリシア建築ではドリス式、イオニア式、コリント式の三種類のオーダーが知られている。このうちギリシア本土で発明されたのはドリス式ただ一種類で、紀元前七世紀頃のこととされている。イオニア式はこれよりも半世紀ほど遅れて小アジアで発明され、紀元前五世紀頃、本土に渡った。コリント式は、紀元前四三〇年頃に柱頭だけを置き換えるかたちでイオニア式から派生したが、ギリシアではほとんど受け入れられず、ローマ建築でさかんに用いられた。

ローマ人は、これら三つのオーダーにトスカナ式とコンポジット式を

パルテノン神殿南側列柱

加え、五つのオーダーとした。ローマで確立された五つのオーダーは、ルネサンス以降の古典系建築においても基本となった。トスカナ式とコンポジット式については後述することにし、ここではギリシア建築のオーダーについて述べる。

オーダーの構成

オーダーは、円柱（コラム）と、円柱が支えるエンタブラチュアと呼ばれる水平帯《すいへいたい》からなる。各オーダーの違いは、円柱とエンタブラチュアのそれぞれの構成要素にあるが、そのうちもっとも特徴的なのは、円柱の頂部をなす柱頭（キャピタル）である。

ドリス式の柱頭はきわめてシンプルで、浅い鉢のような形をしたエキノスと、その上に載るアバクスと呼ばれる正方形の頂板からなる。

イオニア式の柱頭はこれよりも装飾的で、左右に広がる渦巻き（ヴォリュート）が特徴である。エキノスは左右の渦巻きの間に抱きかかえられるように吸収され、卵鏃《らんぞく》紋と呼ばれる装飾で飾られる。アバクスも文様で飾られるが、目立たないほどに縮小される。

コリント式の柱頭は、地中海沿岸地方に自生するアカンサスという多年草の葉をモチーフにした籠《かご》形で、イオニア式よりもいっそう装飾性が強い。イオニア式の渦巻きが縮小し、エキノスの部分がアカンサスに成長した形態ともみることができる。

イオニア式オーダーとコリント式オーダーの違いは、基本的には柱頭だけなので、以下ドリス式とイオニア式を比較する。

円柱は、建物全体が載る基壇の床面（スタイロベート）から立ち上がる。ドリス式の円柱は柱礎（ベース）をもたず、柱身（シャフト）がスタイロベートの上に直接載るが、イオニア式

A エンタブラチュア　B 円柱　C コーニス　D フリーズ
E アーキトレーヴ　G シャフト（柱身）　P ペディメント
a アバクス　b エキノス　c メトープ　d トリグリフ
e アクロテリオン　f ガーゴイル

では、柱身とスタイロベートの間に柱礎が挿入される。どちらの場合も、柱身は、エンタシスと呼ばれるわずかな膨らみをもちながら、上部にいくほど細くなる。

　イオニア式の柱身はドリス式よりも細身で、エンタシスもかすかであるかほとんど識別できない。柱身の表面には丸底の溝彫り（フルート）が施される。ドリス式では通常二〇本の浅い溝彫りがあり、溝彫りと溝彫りは稜線を形成して接する。これに対し、イオニア式では通常二四本の溝彫りがあって、溝彫りと溝彫りの間には平縁《ひらぶち》を残す。

　エンタブラチュアは三層からなる。下から、梁の役割をもつアーキトレーヴ、装飾帯としてのフリーズ、そして屋根の軒にあたるコーニスである。ドリス式のアーキトレーヴは平滑であるが、イオニア式のアーキトレーヴは上下三層に分割される。ドリス式のフリーズは、縦溝の彫られたトリグリフと呼ばれる部分と、浮き彫りの施されるメトープと呼ばれる部分が交互に並ぶ。イオニア式にはトリグリフがなく、浮き彫りの層が水平に連続する。

パルテノン神殿から見たエレクテイオン（B.C.421～）

エレクテイオンのイオニア式列柱

ゼウス・オリンピオス神殿（アテネ　B.C.174～）のコリント式円柱：ギリシア本土最大の神殿

オーダーの性格

以上、かなり、詳しく各オーダーの細部をみてきたが、これによって各オーダーの性格の違いがはっきりしてくるであろう。ドリス式オーダーは、ずっしりと重厚でかつ簡素、厳格である。これに比べるとイオニア式とコリント式オーダーは、ほっそりと軽快で、優美な趣をもつ。柱頭の装飾性が強い分だけ、イオニア式よりもコリント式のほうが華麗といってよいかもしれない。

ローマ時代のヴィトルヴィウスという建築家（五七頁参照）は、ドリス式の強さと美しさを飾りのない裸の成人男子にたとえ、イオニア式の細やかさと飾り気を衣服をまとった優美な婦人になぞらえ、そしてコリント式を繊細な少女に見立てている。筆者にはコリント式柱頭の華麗な外観が、可憐な乙女の姿とうまく重ならないのだが、実際にコリント式をより華やかな女性に見立てる解釈も、のちの建築家には見受けられるようである。

いずれにしても、オーダーは種類によって固有のニュアンスの違いをもっており、どのオーダーを採用するかによって、建物のかもし出す雰囲気がある程度決まってくる。音楽にたとえるならば、オーダーの違いは楽器による音域の違いに相当する、といってよいかもしれない。

オーダーと調和

オーダーが美しい音色を奏でるためには、オーダー各部の寸法の釣り合いが重要である。柱身の径と高さ、柱礎の幅と高さ、柱頭の大きさ、それらを含めた円柱の全高、アーキトレーヴとフリーズの高さ、トリグリフとメトープの幅、コーニスの高さと出、そしてそれらを含むエンタブラチュアの全高、などなど。

さらに、オーダーの配列間隔も重要である。円柱の一定の並びは、たとえれば、人の歩みのような繰り返しの速さ、すなわちテンポに似た感覚をつくりだす。密な円柱配列は緊迫した調子を、疎らな円柱配列はゆったりした調子を外観に与える。

調和が達成されるためには、オーダー各部の寸法と配列の間隔、それらのすべての要素が細部にいたるまで、均衡のとれた、しかも格調の高い比例をつくりつつ、全体のプロポーションのうちに統一されなければならない。細部と細部、細部と部分、部分と部分、そして部分と全体が、比例の連鎖によって有機的に関連づけられなければならないのである。

そのような比例的統一をつくりだすために、ギリシア人はモドゥルスと呼ばれる基準単位を用いた。多くの場合、柱身の底部の直径（ときとして半径）を一モドゥルスとし、建物各部の寸法はその整数倍あるいは分数倍として定められる。

このようなモドゥルスから、ドリス式、イオニア式、コリント式それぞれに固有の数的比例体系が導き出されるのである。ちなみに、ドリス式円柱のスタイロベートから柱頭までの全高は四～六と二分の一モドゥルス、イオニア式円柱の全高は九モドゥルス、コリント式円柱の全高は一〇モドゥルスのプロポーションが標準とされる。

イオニア式柱頭

コリント式柱頭

イオニア式柱頭の祖型：植物の花の形を様式化したことがわかる

アテネに自生するアカンサス

また、円柱配列にも規則があって、柱の内法寸法は、柱の内法寸法は柱径の一・五倍、すなわち一と二分の一モドゥルス、もっとも広い疎柱式では四モドゥルス、それらの中間の集柱式では二モドゥルス、正柱式は二と四分の一モドゥルス、隔柱式は三モドゥルスなどの定式が用いられた。

以上のような説明から、ギリシア建築というのは、オーダーという名の積み木を、定式にしたがって並べ、積み上げただけの、おそろしく型にはまった建築で、そこには建築家の新しい発想が入り込む余地など、ほとんどないように思われるかもしれない。新しい型を生み出すような大胆な試みがなかったことは事実ではあるが、建築家は型を墨守《ぼくしゅ》するために、ただただ定式にしたがっていたのではない。

実際、ギリシア建築の全歴史を通じ、同一の形、同一の比例をもつ作品は二つとして存在しないのである。一定の形式にしたがいながら、収《しゅう》斂《れん》すべきそれぞれの一点を求めて、無数の試みがなされたとみるべきであろう。ギリシア人が求めたのは建築表現の多様性ではなく、究極の典型であった。

リファインメント

ギリシア人は、理想の比例を見いだすべく洗練に洗練を重ねたが、追究はそれだけにとどまらなかった。究極の調和を実現するため、彼らは独自の方法を用いた。

リファインメント（視覚的矯正）と呼ばれる方法がそれである。建築家は、たとえばスタイロベートを完全な水平ではなく、中央部分がわずかに盛り上がるように湾曲させ、外周に沿った列柱を内側にわずかに傾斜させた。このような技法は、ギリシア盛期のドリス式神殿に顕著に認められる。ちなみに、ギリシア建築の最高峰とされるアテネのパルテノン神殿では、スタイロベートは、正面三〇・八八mに対し約六cm、側面六九・五〇mに対し約一一cmの盛り上がりをもつ。円柱の内転びは、円柱の全高一〇・四三mに対し約六cmである。

完全に水平なスタイロベートは中央が窪んでいるように見え、また完全に垂直な円柱は外側に傾斜して見えるので、そのような錯覚を矯正するために調整がおこなわれた、と説明されることが多い。このような説明は誤りとはいえないが、もう少し深い意味があるように思われる。

ここに、壁に描かれた一本の水平の線があるとすると、この線はやはり中央が窪んで見えるであろうか。水平のスタイロベートがたわんで見える（というよりも感じられる）とすれば、それは、エンタブラチュアとこれを支えるそれ自身重厚な円柱が加える巨大な重量の感覚、すなわち、スタイロベートを押し下げようとする垂直下向きの強い力の感覚によるものである。

スタイロベートは建物の全重量をその上に載せる基盤であるから、不動の強固さをもっていなければならないのは当然であるが、ギリシア建築においては、さらにそのように「見える」ということが重要なのである。円柱列がおよぼす巨大な重量を支えてなお余りある堅牢《けんろう》感、水平のもつゆるぎない安定感をつくりだすために、建築家は幾何学的な水平をほんの少しだけ、重力に反発する側にゆがめたのである。

円柱列の内転びもまた、エンタブラチュアの重量を全身で支える円柱の直立姿勢の力強さを強調し、安定感を与えるための工夫である。隅の柱をわずかだけ太くする技法やエンタシスの技法も、同様の意図によるものである。ここで、安定は「調和」の重要な要素であることが想い起こされよう。

ところで、スタイロベートや円柱をほんのわずか、意図した分だけ変形・傾斜させるということは、各石材の本来直角や平行であるはずの部分を、ごく微量だけ調節することを意味する。石材どうしをぴたりと接合させながらこれを実現するには、きわめて高度な技術を必要とすることが想像できるであろう。実際、石材と石材は髪の毛一本入らないほどの

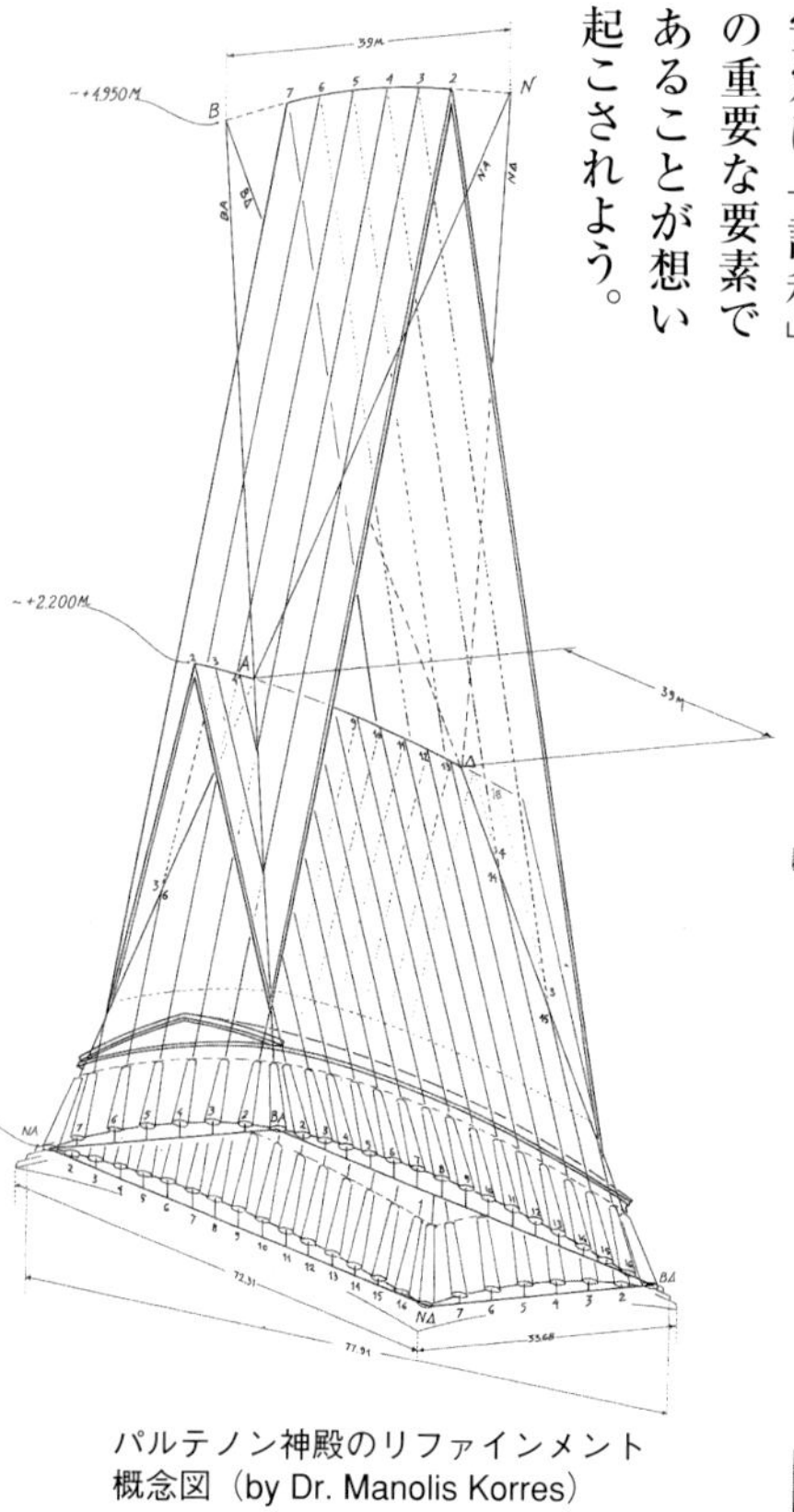

パルテノン神殿のリファインメント
概念図（by Dr. Manolis Korres）

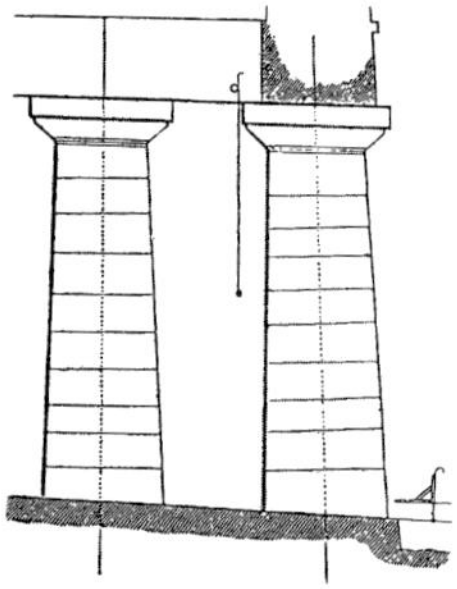
スタイロベートの湾曲と
円柱の傾斜

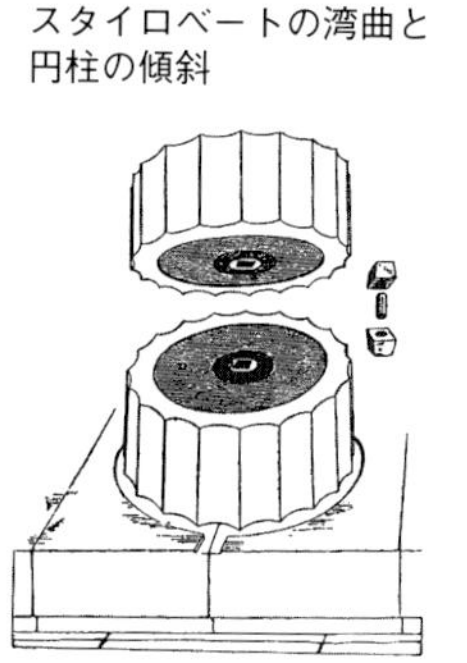
円柱のドラム（短い筒形）
の据え付け

精密さで接合されており、石材加工の誤差は、パルテノン神殿修復の主任建築家M・コレス博士の話によれば〇・〇一mm程度であるという。まさに顕微鏡的な驚くべき精度である。

ところが、これほどの精度で石材が加工されるいっぽう、パルテノンでは円柱の配列間隔に五～二〇mm程度の誤差が認められ、また、いくつかの神殿では、同じ建物の柱頭の間に曲線の不一致が認められるのである。同時代（紀元前五世紀）の彫刻家ポリクレイトスは、完璧さを実現するにはほんの少しだけ規則から逸脱しなければならない、という意味のことをいっている。ギリシア人は、比例に厳密にしたがうことからくる機械的な冷たさ、堅苦しさを避けようとし、そのような誤差を意図的に黙認したのである。

ギリシア人が理性と感覚のすべてを傾けて追究した完璧なる調和は、定式を超えたところに見いだされた、といってよいであろう。

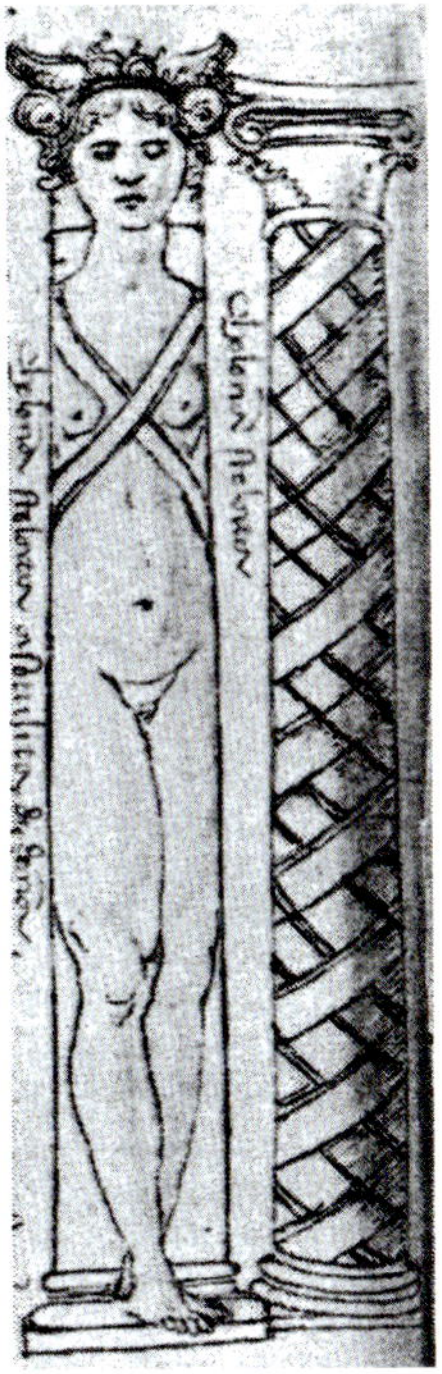

ルネサンスの建築家フランチェスコ・ディ・ジョルジョによる円柱のプロポーションの研究

人間性

ところで、先に述べたようなオーダーの擬《ぎ》人《じん》化《か》は、ギリシア建築の場合、単なるたとえや見立て以上の、何かもっと深い人間的な意味に根ざしているように思われる。第1章でもふれたが、ギリシア人は、重力に抗しスタイロベートの上にすっくと立ち上がる円柱のうちに、同じく重力に抗し、二本の脚で大地に立つ人間の姿をみていたのではないだろうか。

それまで床を這い回っていた赤ん坊が、全身のバランスをとりながら、はじめて立ち上がろうとする瞬間は、見ていて感動的である。赤ん坊が重力を克服して、人間になろうとする瞬間だからである。

背骨を伸ばして二本の脚で大地に立つことは、人間が人間であることの証明であろう。重力はあらゆるものを大地に引き戻そうとする力であるから、これを克服して立ち上がることは、大地の一方的な力の行使から離れ、これと調和を図ることである。二本の脚で大地に立つ人間の姿は、人間が宇宙と調和する存在であることの証明であり、それゆえに崇高である。ギリシア人は、そう考えていたように筆者には思われる。

ギリシア建築の柱が表しているのは、単なる力学的機能を超えた、重力を支えることとの崇高さ、直立する人間の崇高さである。とするならば、その崇高さに見合った重量の大きさと、それにふさわしい外観というものが存在するはずである。オーダーの比例体系、そしてオーダーがつくる建築全体のヴォリュームとプロポーションは、力学的必然性によってではなく、そのような高次の美的価値によって決定されているのである。

三つのオーダーは、人間の力強い立ち姿であり、優美な立ち姿であり、あるいは華麗な立ち姿なのである。

column

ギリシア建築の施工法

運搬の工夫

建築史上最高の施工精度を誇るギリシア神殿は、どのようにして建てられたのだろうか。

ギリシア神殿は、エジプトのピラミッドなどと同じように、切り整えられた石材を積み上げてつくられている。このような構造を切石造《きりいしぞう》という。これらの石材は、セメントやモルタル（セメントに砂を混ぜたもの）などの接合材なしに空積《からづ》みにされる。エジプトでは、石材を据えるときに、石材の位置を微調整するための潤滑材としてモルタルが敷かれたが、ギリシア建築では、このような潤滑材を用いることもなかった。

建築工事のうちでもっとも労力を要するのは、石材の運搬である。円柱は、短い円筒形（ドラムという）を積み上げてつくられるが、そのドラム一個の重さが、パルテノンの場合で五～一〇t、柱頭は八～九tだという。通常もっとも重いのは、円柱と円柱の間に架けわたされる梁《はり》材（アーキトレーヴ）で、パルテノンでは一五tほどである。これらの石材を運搬するのに、四輪（ときとして六輪あるいは八輪）の荷車を六〇～八〇頭の牛に引かせた。また、状況によって、コロとソリも用いられた。

エフェソス（トルコ）のアルテミス神殿は、ギリシア最初の巨大神殿といわれるが、そのアーキトレーヴの重さは四〇tもあった。この石材を運搬するのには、特別の方法がとられた。石材の両端部を包み込むように木製の大きなドラムをつくり、これを車輪として石材を転がす、という方法である。転がすために、この車輪に木製の枠を取り付け、枠を牛に引かせた。

石材の据え付け

運搬する石材をできるだけ軽くするために、石材は、石切場で粗く整形されてから運び出される。このとき粗面の一部が突起状に残される。この突起は、石材を吊り上げたり、所定の位置に移動させたりする際の、ロープやテコの足がかりとなったと考えられている。また、石材の上面や側面に彫られたU字形の穴や溝が残っており、この穴や溝も、同様の目的に使用されたと考えられている。小さな石材を吊り上げるのに、石ばさみや吊り楔《くさび》も用いられた。

石材の持ち上げには、複合滑車と巻き上げ装置付きのクレーンが活躍した。もっとも注意を要するのは、石材の据え付けである。これを円柱のドラムの場合についてみてみよう。

各ドラムは、底面から四～五㎝の高さまでが、最終仕上げ面から四～五㎝を

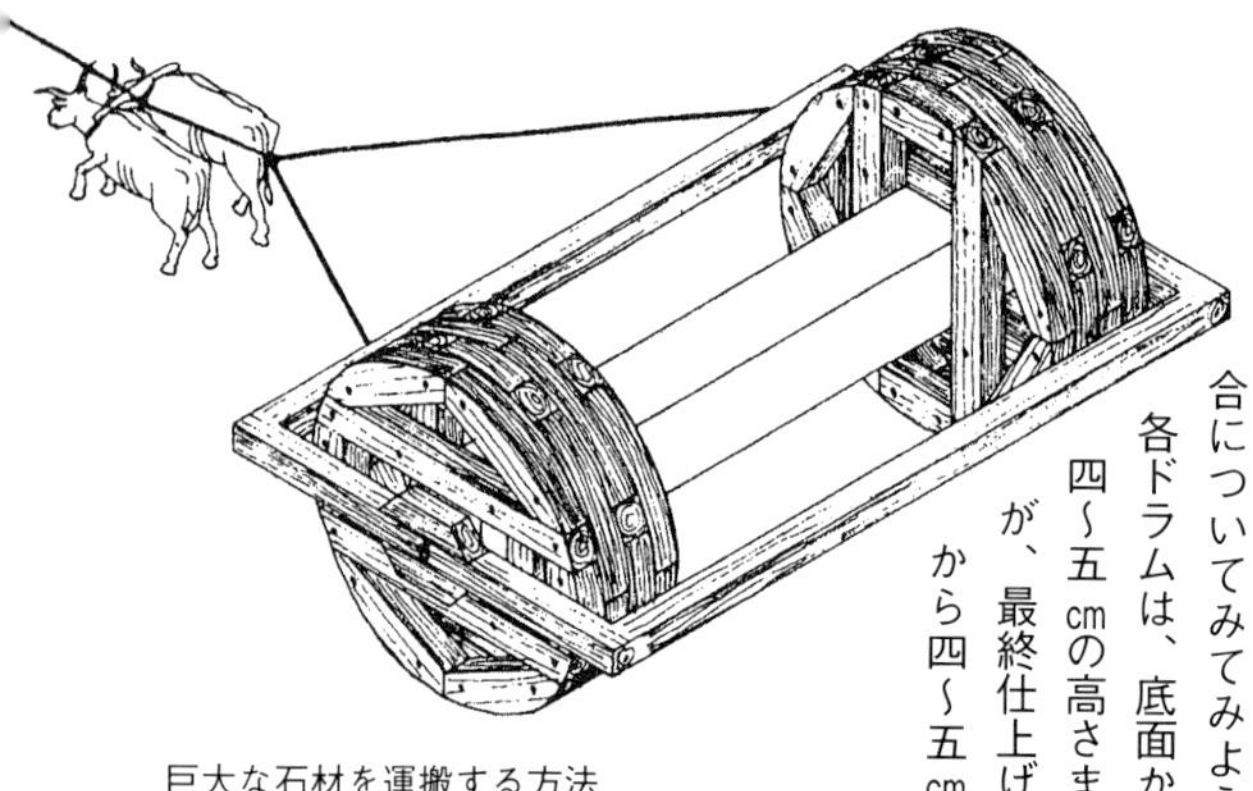

巨大な石材を運搬する方法

石材を吊り上げる方法

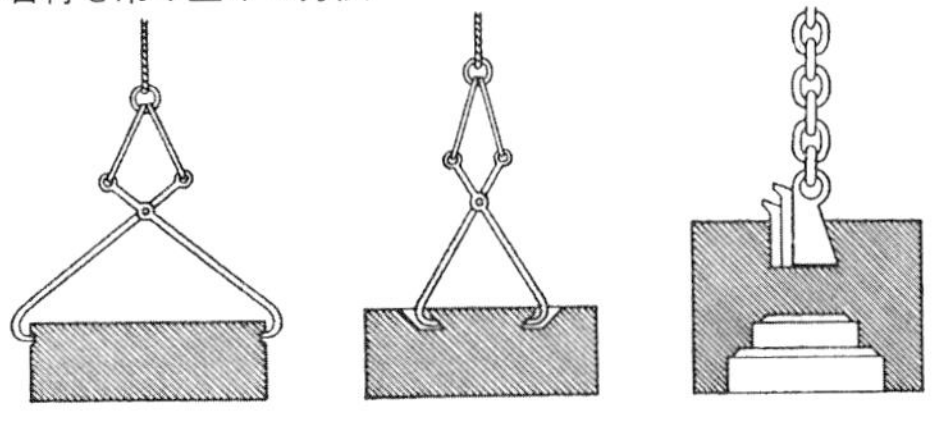

表層として丸く残しながら、粗く仕上げられる。残りの部分は、このドラムが据えられた後で、最初の粗仕上げ部分をガイドにして仕上げられる。この段階では、溝彫りは施されておらず、突起も付けたままである。溝彫りは、ドラムをすべて積み終えた後で、一気に施される。この溝彫りを正確におこなうために、スタイロベートの上に置く最初のドラムだけは、底面から五～一〇cmの高さまで、最終的な溝彫りを施しておく。つまり、仕上げの溝彫りは、下から上にむかっておこなわれるわけである。

一mmの一〇〇分の一の精度

本文でもふれたように、パルテノン神殿の石材の加工精度はきわめて高い。円柱についていえば、ドラムの接合面は、数学的な平面から二〇分の一mm以上の凹凸をもたず、しかも、一mmの一〇〇分の一（!）の精度で密着している。このような究極の密着がどのようにして実現されたかを、パルテノン神殿の主任修復建築家、コレス博士の説に基づいて説明してみよう。

まず、なめらかさを検査するための円盤をつくる。この検査用の円盤の表面に薄く塗料を塗り、円盤をドラムの接合面に載せる。そうすると出っぱった部分に塗料が付着するので、この部分を特別の研磨剤で磨く。この方法を繰り返しおこなう。

ところが、検査用円盤の表面も完全な平面ではない（二〇分の一mm～三〇分の一mm程度の凹凸は避けられない）ので、ドラムと円盤は密着しても、このドラムと次に磨かれたドラムとは密着しない。そこで、検査用円盤を二枚つくるのである。この二枚は、一〇〇分の一mmの精度で密着するようにつくっておく。

この二枚一組の円盤の片方をA、他方をBとしよう。Aを検査用円盤として磨かれたドラムの面aは、Aと密着する。同じく、Bを検査用円盤として磨かれたドラムの面bは、Bと密着する。AとBは密着するようにつくられているのだから、それらに密着するaとbは互いに密着することになる。もちろん、円周上の位置がずれると密着しないから、検査用円盤にもドラムにも円周上の位置が一致するように印をつけておくわけである。

このように完璧な密着により、石材の継ぎ目は、裸眼では識別できないほどに完全に、「消される」のである。

石材の側面にみられるU字形の溝の意味

アパメイア（シリア）の
ローマ時代の劇場

ボスラ（シリア）の
ローマ時代の劇場

2 ローマ建築

ローマ建築の課題
多様な建築類型

ギリシア人は、オーダーを通じて建築表現の普遍性を追究したが、ローマ人はオーダーを用いて建築表現の多様性を追究した。

テベレ河を望む「七つの丘」に起源を発する古代ローマは、紀元前三世紀頃にイタリア半島を統一、紀元前二世紀には地中海全域に覇《は》権《けん》をおよぼし、紀元後二世紀にはアジア、アフリカ、ヨーロッパにまたがる大帝国となった。

ローマは、帝国統治の拠点とするため領内各地に都市を建設した。そして道路網や上水道など国家基盤の整備を進めるいっぽう、都市に居住する圧倒的多数の大衆を治めるために、食糧と娯楽――パンとサーカス――を与える政策をとった。建築の面からいうと、公衆浴場、劇場、闘技場、戦車競技場などの公共建築の建設に力を注いだのである。もちろん、帝国の威信を示すための数々の記念物や宮殿、会議場なども建てられた。神殿も建てられたが、ギリシアにおけるほど重要ではなくなっていた。

　これら多種多様な建築物を建てるための技術と芸術が、ローマ建築の課題であった。まず技術の面からみていこう。

カラカラの浴場復元図（ローマ　A.D.211頃～）

コンスタンティヌスのバシリカ復元図（ローマ　A.D.307～）

ディオクレティアヌスの浴場（ローマ　16世紀にミケランジェロによって教会堂に改築され現サンタ・マリア・デッリ・アンジェリ聖堂となる）

セプティミウス・セウェルスの凱旋門（ローマ　A.D.203）

石造建築に不利な構造

　オーダーとは、水平の梁《はり》を柱が支えるという構造方式を、一つの芸術的形式にまで高めたものである。ところが、本来この構造方式は、大きな矛盾ではあるが、石造建築には向かない方式である。問題は梁にある。

　ここで、長い板を両端で支えただけの単純なベンチを想像してみよう。このベンチに人が腰を下ろすと、板は下方に湾曲しながら変形する。重い人が腰掛ければ、湾曲が大きくなって板が折れてしまうかもしれない。部材を湾曲させるこのような力を、曲げ応力という。

もう少し詳しく説明すると、人が腰掛けたときの板の上面には、板を長手方向に圧縮する力が働いており、下面には引っ張り力が働いている。このような力は板の内部にも働いていて、板の表面でいちばん大きく、内部にいくにしたがって小さくなり、中心でゼロになる。このような力が生じる結果、部材が湾曲するのである。梁が曲げ応力に対して十分な抵抗力を発揮するには、梁の材料が圧縮力にも引っ張り力にも強くなければならないことは、以上の説明から理解できるであろう。

ところが、石材は、圧縮には強いが、引っ張りには非常に弱いという性質をもっている。このことは、石造の梁の場合、下面に生じた小さな引っ張り力が致命的な破壊力となることを意味する。他の部分に余力があっても、下端部が引っ張りに耐えられなくなるとそこに亀裂が生じ（ということは有効な断面が小さくなるのでますます条件が悪くなり）、梁は一気に破壊にいたってしまう。

このように、柱—梁構造というのは、石造建築にとっては非常に不利な方式なのである。それでは、なぜそれほど不利な方式をギリシア人が採用したのかというと、ギリシアの神殿はもともとは木造だったからである。

木は、石に比べると引っ張りに強く、圧縮にも同程度に強い。たとえば大理石では圧縮強度一二〇〇kg／㎠に対し引っ張り強度わずか五五kg／㎠であるが、ヒノキでは圧縮強度五二〇kg／㎠に対し引っ張り強度五七〇kg／㎠である。しかも木の重さは石の六分の一程度でしかないので、自重に対する強度は石に比べて格段に高いといえよう。これから、木材は曲げに対して強く、したがって柱—梁構造に適していることがわかるであろう。木造の神殿を石造に置き換えることによって、構造的な不合理が生じたのである。

石造建築に有利な構造

石やレンガなどのブロック状の材料を組み合わせて積み上げる構造を組積造《そせきぞう》という。組積造は、壁をつくりアーチを架ける方式に適している。小さな石材を水平につないで床や

梁の原理

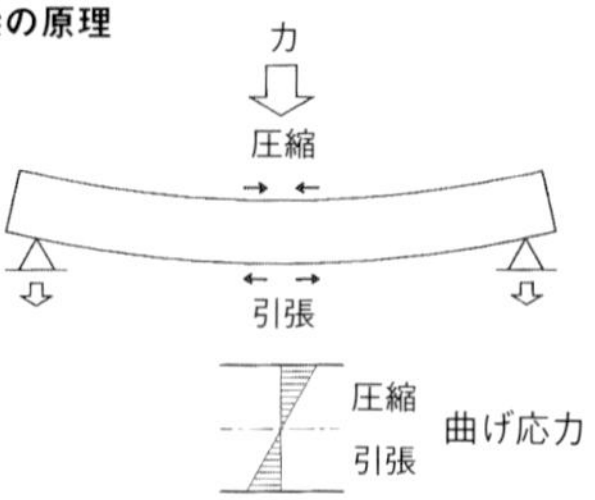

アーチの原理

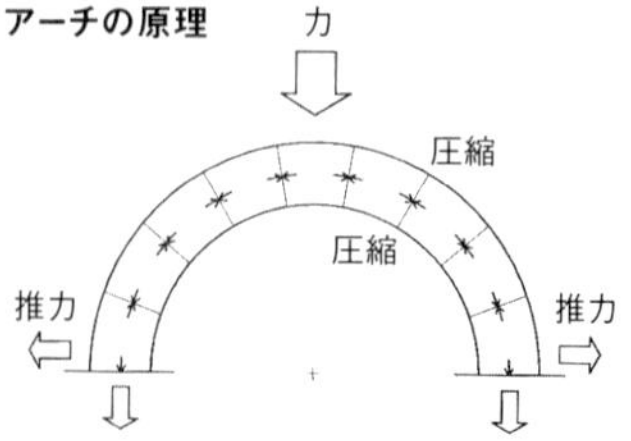

アーチの原理を示す壁体：ペルゲ（南トルコ）の遺跡

アスペンドス（南トルコ）の劇場階段席を支えるアーチ

柱一梁の構造原理を表すローマ時代の
列柱道路：アパメイア

天井をつくることは事実上、不可能である。しかし、石材を上方に湾曲させながら積むことにより、これが可能となる。石が落下しようとするとき、石どうしが互いに押し合って落下を妨げるからである。これがアーチの原理である。つまり、石どうしが押し合う力、すなわち圧縮力によって、アーチは自立しているわけである。引っ張りに弱く圧縮に強い石材がアーチ構造に適するのは、このような理由による。

石が互いに押し合うということは、湾曲したアーチが横に広がって平らになろうとすることを意味する。アーチが成立するためには、この横に広がろうとする力（推力という）を何かで支持しなければならない。推力は支持体を横に押し倒そうとする危険な力であるから、柱のような細い支持体では不十分である。そこで、頑丈な壁体によってアーチを支持するのである。

アーチは二次元的な構造であるが、これを立体的に拡張した曲面構造をヴォールトといい、そのうちで、とくに半球状のものをドームと呼ぶ。ローマ人は、闘技場や劇場の床、あるいは水道橋を支える不可欠の構造として、アーチやヴォールトを用いた。そしてそれだけでなく、公共建築や宮殿などの天井を覆うためにヴォールトやドームを大々的に用い、ギリシア建築にはみられなかった独創的な空間を創造した。

組積造とコンクリート

ギリシア建築は、切り整えられた大きな石材を正確に積み上げてつくられている（切石造《きりいしぞう》という）。しかも、モルタルなどの接合材を用いずに空《から》積《づ》みするため、石材は接合面がぴたりと合うよう厳密に加工された。ローマ人は、公共建築事業を遂行するにあたり、そのような労力と熟練を要する方法を捨て、適当な形と大きさの石材やレンガをモルタルで接合しながら積み上げる、より実用的で経済的な方法を採用し、発展させた。このような方法による組積造（以下

「組積造」はこのような方法をさす）は、壁—アーチ構造において大いに利点を発揮し、古典系、中世系を問わず、ローマ時代以降、ヨーロッパ建築の一般的な構法となった（そこで以下、「壁—アーチ構造」は「組積造」であることを前提として話をすすめる）。

ローマ人がおこなったもう一つの重要な革新は、コンクリートの発明である。ローマやナポリの近郊には、ポゾラナと呼ばれる火山性の土が産出される。この土に石灰と水を加えたモルタルを割り石やレンガ屑とともに混ぜたものが、ローマのコンクリートである。このコンクリートは、水によって硬化し、大きな強度を発現するため（基本的に現代のコンクリートと同じである）、建築・土木工事において非常な威力を発揮した。

ローマ人は、コンクリートを組積造と組み合わせて用いた。現代では、木製の型枠《かたわく》にコンクリートを流し込み、コンクリート硬化後に型枠をはずすが、ローマでは、組積造の薄い壁を型枠としてつくり、ここにコンクリートを流し

パンテオン（ローマ A.D.118～）の堂内：直径43.2mの円筒形壁体の上に同じ直径のドームが載る。ルネサンス期にブルネレスキによってフィレンツェ大聖堂にドームが架けられるまでは世界最大のドームであった

パンテオン内部立面

A エンタブラチュア　C コーニス　D フリーズ　E アーキトレーヴ　P ペディメント　Q エディキュラ（小祠型）
B1 ピラスター（片蓋柱（かたふたばしら）：壁付きの平たい柱）　B2 独立円柱
N ニッチ（壁龕（へきがん）：壁につけられた凹所）

込んだのである。コンクリート硬化後、組積造部分は永久型枠として残り、構造体の表層部を形成した。

　この表層の上に外装が施されるのだが、それはローマ建築の第二の課題である。

芸術の問題
オーダーの新たな展開

　壁―アーチ構造は、ローマ人の実際的発想によってヨーロッパ建築史の舞台に登場し、以後の様式の構法的基礎となった。しかし、新しい構法の誕生が、ただちに新しい様式の誕生を意味するわけではない。美的規範に基づかない単なる構造物は建築とはいえないからである。

　では、ローマ人は壁―アーチ構造を建築に昇格させるために、どのような美的規範を適用したのであろうか。

　ローマ人は、壁―アーチ構造にふさわしいそれ自身の美学を生み出すことには、関心がなかった（これを成し遂げたのは中世系の建築である）。というよりも、ギリシア人が創造したオーダーの美学があまりに完壁で、その威光が強かったために、これに代わる美学を創造しようなどとは考えなかった、というのが実情であろう。

　オーダーは、これを欠くものは建築と呼べないほどに、建築表現そのものであり、美の原理そのものであった。そこでローマ人は、壁―アーチ構造の表面に、本来は柱―梁構造の美学原理であるオーダーを、そっくりそのまま外装として貼り付けることにしたのである。

　誤解がないように強調するならば、オーダーは、構造体を飾る単なる装飾として適用されたのではない。むしろ、オーダーこそが表現の主役であり、形状決定の原理であって、構造体は以後、この原理の統率を受けることになったのである。第1章で述べたように、ローマ以降の古典系建築は、構造的には壁の建築であるが、美学的には柱の建築であるとしたのは、このような理由からである。

　ここにおいてオーダーは、壁―アーチ構造という新しい展開の場を獲得し、建築表現のヴァリエーションを一気に拡大した。

パンテオン正面：円堂にギリシア神殿の正面を取り付けた外観をもつ

パンテオン円堂部分外観見上げ：大理石の外装が剝ぎ取られ、組積造の表層（内部はコンクリート）をなすレンガが露出している

オーダー適用のヴァリエーション

　以下、建築作品に即して、オーダー適用のヴァリエーションを紹介していきたい。

　ローマ皇帝ハドリアヌスの建立によるパンテオン（ローマ AD一一八～一三五年）は、厚さ六mの円筒形の壁が直径四三・二mのドームを支える壮大な円形神殿である。円堂の前面に、コリント式オーダーによるギリシア神殿の正面を取り付けて、柱廊玄関とする。神殿の正面部分だけを切り取って他の形態と組み合わせるこの方法は、ギリシア人の発想にはなかったもので、ローマ以降の古典系建築でよく用いられるようになったモチーフである。

　円堂部分の外壁は、大理石の外装を剝ぎ取られ、組積造の表層が露出しているが、円堂内部は当時の状態をよく残す。内部空間を覆うドームの頂点には、直径九mの窓があけられている。この窓から差し込む太陽がつくる光の円が、時間とともに壁面を移動し、通過する雲によって輝きを変動させるさまは、天体運行の法則を視覚的に表現したかと思わせるほどに劇的である。しかし、ここでは空間の魅力にはこれ以上は深入りせず、ドームを支える壁体の造形に視点を移そう。

壁面は、上端部を水平帯によって縁取られ、中ほどよりやや上の高さでもう一本の、より幅広の水平帯によって分割される。このような水平帯は総称してコーニスと呼ばれるが、厳密にいえば、中ほどの水平帯はオーダーを構成するエンタブラチュアであり、そのうちのいちばん上の出っ張りだけが本来のコーニスである。

すなわち壁面下層部は、コリント式オーダーをモチーフとして貼り付けたものである。エンタブラチュアを支えるのは、独立円柱と、浮き彫り状の平たいピラスター（片蓋柱《かたふたばしら》）である。独立円柱は、壁をくり抜いたニッチと呼ばれる窪みの前面に二本ずつ立てられ、ピラスターは、ニッチにはさまれた壁の隅部を縁取る。

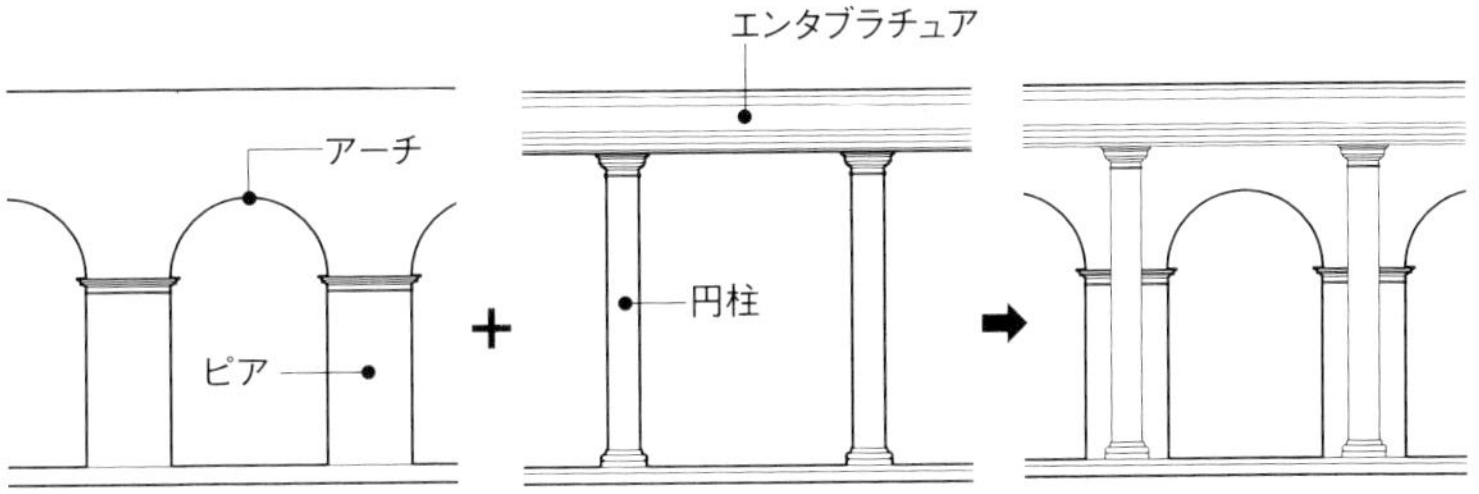

ピアで支えられたアーチにオーダーを貼り付ける方法

壁の部分には、神像を納めたエディキュラ（小祠《しょうし》型）が配される。エディキュラというのは、オーダーの定式にのっとって二本の円柱が三角形または弓形のペディメント（破風）を支える、神殿正面を小型・簡略化したモチーフのことをいう。

エンタブラチュアの上の階には、ペディメントをいただく窓形のニッチが配される（一八世紀の改築）。エディキュラとともに、四角い窓あるいは窓形の上に付けられるペディメントもまた、古典系建築の特徴的なモチーフである。エンタブラチュアの上に載る上階自身も、オーダーを補って壁面をバランス良くまとめる重要な要素である。

以上のように、内部壁面はオーダーの原理にしたがい節度のある構成を実現しているが、とくに全周をめぐるエンタブラチュアと上階のコーニスは、内部空間の円い輪郭を強く意識させ、ドームのもつ宇宙的感覚に応えて、調和ある統一感をつくりだすのに一役かっている。

さらに付け加えるならば、壁面には帝国各地から運ばれたさまざまの色の大理石が使用されているが、こ

パンテオンの内部壁面に付けられたエディキュラ：弓形のペディメントをコリント式の円柱が支える

のことは、オーダーが構造的役割を離れ、装飾化したことを物語っている。

コロッセオ

　中央のアレーナのまわりに観客席をすり鉢状に配置した円形闘技場は、ローマ時代の代表的な娯楽施設である。コロッセオ（ローマ　AD七〇〜八〇年頃）は、四万五〇〇〇人の観客を収容するために、すり鉢の部分を四階建てとし、各階をアーチとトンネル型のヴォールトで支える構造をもつ。三階までの各階外壁にはアーケード（背後を通廊としたアーチの連続開口をアーケードという）を開け、観客が移動するための周《しゅう》歩《ほ》廊《ろう》を背後にめぐらす。最上階のみはアーケードとせず、壁面に小さな窓をまばらにあける。

　このような四層構成の外壁に、最下層からドリス式、イオニア式、コリント式、コリント式の順でオーダーを四段に重ねて貼り付けたのが、コロッセオのデザインである（ただし、この場合は文字どおり貼り付けたわけではなく、そのまま仕上げになるよう、加工された組積造の表層部分と一体的につくられた）。

　ところで、構造と機能の条件から形態が制約されるアーケードと、比例の定式から寸法が決まるオーダー、この両方を破《は》綻《たん》なく整合させるのは、それほど単純な作業ではない。

　たとえばコロッセオの場合、アーチを支えるピア（組積造の太い角柱で、外壁の一部とみなされる）の間隔は、外壁の周囲を八〇等分して決められている。八〇という数字は、四と一〇の倍数であり、設計上扱いやすい割り

切りのよい整数なので、この数字を変更する余地はほとんどないと考えると、ピアの間隔の変更は、外壁周長すなわち建物規模の変更につながる。

いっぽうアーケードの高さは、観客席の勾配などと関連し、実際の設計では何度も調節されたと考えられる。外壁にはオーダーが貼り付けられているので、アーケードの高さの調節はエンタブラチュアの高さ、すなわちこれを支える柱の高さの変更を意味し、このことは比例の法則にしたがって決められるオーダー各部の修正を意味する。

このうち柱の間隔の修正は、ピア間隔の修正を必然的にともない、全体規模の修正を余儀なくさせる。実際には寸法にいくらかの余裕があるので、アーケードの高さの多少の変更がオーダーに影響するとはかぎらないが、それでも設計の初期の段階では、階数とピア間隔の決定も含めて、このような手続きが繰り返されたと思われる。

以上の説明から、構造体の寸法がオーダーの制御を受けることが理解

柱頭の詳細

オーダーを4段に重ねたコロッセオの外部立面：下からドリス式、イオニア式、コリント式の半円柱、コリント式のピラスターとなる。頂部には階段席を覆う日除けの天幕を張るためのポールを立てる

できるであろう。コロッセオの平面は楕円形なので、オーダーがなくとも形態決定のプロセスは相当に複雑なものと想像されるが、完成した外壁は、アーケードとオーダーのみごとな統合をみせている。

凱旋門

凱旋門は実用的な建築ではないので、形態は純粋に美的な観点から決定されており、アーチとオーダーとの関係がより明瞭に表れている。

　コンスタンティヌスの凱旋門は、中央に大きなアーチを、その両脇に半分の大きさのアーチをあけた分厚い壁体に、コリント式オーダーを貼り付けたものである。中央アーチの高さは、要石《かなめいし》がエンタブラチュアの下端部にちょうど接するように、両側のアーチの高さは、要石が中央アーチの迫元《せりもと》の下端部にぴったり接するように決められている。

　アーチの間のピアに配された円柱は、柱台の上に載ってエンタブラチュアの高さを調整する。そして、エンタブラチュアの上にはアティック（屋階）と呼ばれる上屋《うわや》が載り、全体は重厚な外観にまとめられる。こうしてオーダーとアーチの有機的な関連により、全体はみごとに統一され

コリント式オーダーを貼り付けたコンスタンティヌスの凱旋門：独立円柱を柱台の上に載せて高さを調整する

セプティミウス・セウェルスの凱旋門：コンポジット式オーダーの細部

フランスの建築家クロード・ペロー（17世紀　ルーヴル宮殿東面の建築家）によるローマ建築の5つのオーダー。左からトスカナ式、ドリス式、イオニア式、コリント式、コンポジット式

ている。

　ここではコリント式の円柱は、壁面から離れた独立円柱として取り付けられている。古典系建築では円柱を壁に貼り付ける方法として、ほかに、壁に半分埋没した半円柱とする方法、四分の一だけ埋没した四分の三円柱とする方法、そしてピラスターによる方法がある。

　コロッセオの下三層では半円柱による方法が、最上層ではピラスターによる方法がとられる。パンテオンでは、すでに述べたように独立円柱（ただし背後をニッチとする）とピラスターがみられる。壁からのエンタブラチュアの張り出しは、当然のことながら、これを支える円柱の出にしたがう。

　ただし、とくに独立円柱に多くみられるが、円柱の上部だけを突出させる場合もある。コンスタンティヌスの凱旋門では、この方法がとられている。エンタブラチュア全体を突出させると、オーダーの表現が強くなりすぎてアティックを分離し、量塊全体としての統一を損なうからである。

ローマのオーダー

ローマでは、ギリシアから受け継いだドリス式、イオニア式、コリント式に、新たにトスカナ式とコンポジット式が加わり、オーダー選択の幅が広がった。

　トスカナ式はエトルリア建築に起源を発するといわれ、ドリス式によく似た柱頭をもつ。ただし溝彫りをもたない点がドリス式と異なる。またエンタブラチュアは、ドリス式と同じく三層に分かれるが全体に簡素で、フリーズとコーニスを欠くものもある。

　コンポジット式の特徴は柱頭にあり、コリント式のアカンサスの葉にイオニア式の渦巻きを四方に加えた形態をもつ。

　ローマ建築では、トスカナ式とコンポジット式が加わっただけでなく、既存のオーダーにも若干の変化が生じ、概して装飾的になった。ドリス式は全体に細身になり、溝彫りをもたないものもつくられた。また、柱礎が加わり、柱頭は小さくなって、エキノスの下方に玉縁《たまぶち》（アストラガル）が付加された（トスカナ式も同じ）。

　オーダーそのものではないが、円柱を載せる柱台（ペデスタル）も、ローマ建築に現れた重要な要素である。これを用いると、オーダーの比例を変えることなくエンタブラチュアの高さを調節することができるので、壁面との整合が容易になる。そのため柱台は、以後、古典系建築で大いに用いられるようになった。

コンポジット式の柱頭：大きな渦巻きと卵簇紋の存在によってコリント式から区別できる

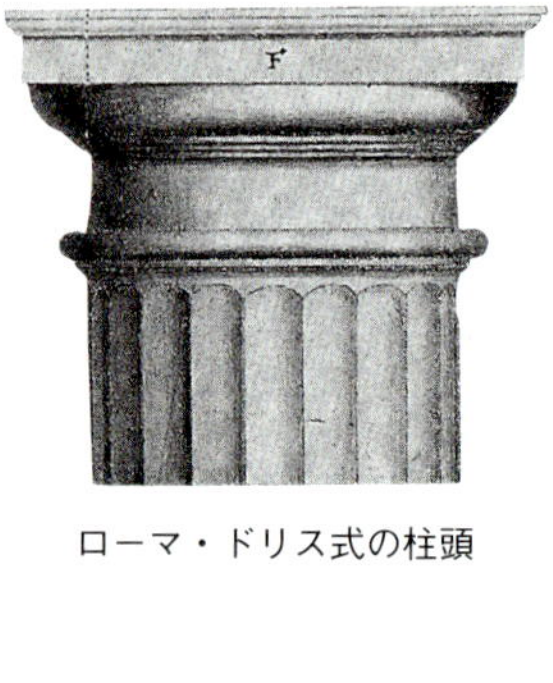

ローマ・ドリス式の柱頭

column

ヴィトルヴィウスの『建築書』

建築家の仕事

ヴィトルヴィウスは、歴史上もっとも大きな影響を与えた建築家であるが、それは作品によってではなく、著書『建築書』によってである。全部で十書からなるこの『建築書』は、当時の建築家、そして建築の理論と実務について、非常に多くのことを教えてくれる。

ヴィトルヴィウスは、まず建築術の部門には三つあって、それは、①建物を建てること、②日時計をつくること、③器械をつくることである、と述べている。ここでいう建物には、本書の主題である「建築」だけでなく（いちばん重視してはいるが）、水道や水道橋、貯水池、ダム、港湾施設、軍事施設なども含まれる。また、第十書で仕組みと理論が説明されている主要な器械には、起重機や揚水機、水力オルガン、距離計、投石機、攻城塔、破城錐、破城槌などが含まれる。

水力オルガンというのは、おそらく、水力を利用してシリンダーのピストンを往復運動させ、それによって空気を気筒に送り込み、気筒の弁を鍵盤で開閉して音を出す器械のようである。また、攻城塔とは、四輪の台車付きの櫓で、城壁の上に兵士を飛び移らせるために用いられた。城壁に穴をあけるための巨大な錐や槌を吊り下げた櫓が、破城錐や破城槌である。

職人を統率する

このように、当時の建築術の範疇には、高度な知識と技術を要する大きな工作物のほとんどが含まれる。実際、ヴィトルヴィウスの記述から、建築家は、学芸（算術・幾何学・音楽・天文学）を身につけた、かなりの教養人・知識人であったことが推定される。

ちなみに、建築家のことを英語ではarchitect（アーキテクト）というが、これは語源的には、tect（職人、工人の意）にarchi（第一の、主要な、大きな、先頭にたつなどの意味をもつ接頭語）をつけて生じた、ギリシア語に起源をもつ言葉である（直訳すれば「大工」である）。この語源からもわかるように、建築家とは、単なる職人はなく、彼らを統率して大きなものをつくる、学問のある人物といってよいであろう。

ところで、読者は、建築術三部門のうちの一つが日時計の作製であった、というのを不思議に思うかもしれない。しかし、考えてみれば、古代において日時計は重要な装置であり、これをつくるには天文学と幾何学の知識が不可欠であるから、当然のことながら、これは建築家の重要な仕事なのである。

また、先にあげた建築家が身につける学芸のうち、音楽の必要性に疑問をもった読者がいるかもしれない。ヴィトルヴィウスによれば、音楽は、規範となるような数的な比例体系を（音の振動数の比として）身につけるのに必要であり、投石機の弦の張り具合を音によって調節するのに必要であり、さらに、劇場の階段席の下に置かれた壺の共鳴によって音響効果を調節するのに必要だったのである。

ここに紹介したのは、ほんの一部である。古代の建築家の仕事に興味のある読者に、森田慶一訳註『ウィトルーウィウス建築書』（東海大学出版会　一九七九）をお薦めして、この短文を終わりたい。

3 ルネサンス

人間の価値

ローマ帝国没落後、ヨーロッパは中世という時代に入るが、この時代の建築については第3章で論じることとし、ここでは約一〇〇〇年の時間を飛び越え、ルネサンスの建築に話を進める。

ルネサンスとは「再生」を意味するフランス語である。もともとは古代文芸の復興のことをさしたが、その底流をなすのは長い間忘れられていた人間の価値の再発見である。

中世の人々は、教会の権威に護られた狭い宗教的世界のなかに埋没し、そこに安心立命を見いだしていたが、中世末になると、そのような教会の権威をうとましく感じ、束縛と考える人々が現れはじめた。彼らは、人間が教会の庇護下に入る以前、すなわち人間が自由に感情や思想を表現でき、人間であることのすばらしさを謳歌した古代へ回帰し、その時代の精神を再生したいという強い気持ちを抱いた。

このような一群の人々がはじめて現れたのは、古代ローマの伝統が完全に途絶えることなく存続していたイタリアの、なかでも商人が力をもち自由闊達な雰囲気があふれていた都市、フィレンツェにおいてであった。

建築の課題

ルネサンス建築の課題は、古代ローマ建築の造形法を再発見し、それを都市の新しい実力者たちの邸宅であるパラッツォ（邸館）や郊外のヴィラ（別荘）、あるいは新たに意味づけし直された教会堂などに適用することであった。

この時代、建築の本質は哲学と数学にあるとみなされ（建築を学芸の一部たらしめようとしたのである）、「調和」と「比例」の概念はローマ時代よりもいっそう精緻に理論化された。そして、古代遺跡とヴィトルヴィウス『建築書』の研究から、「調和」と「比例」の基本がオーダーのシステムにあることが明らかになると、オーダーは美の根源として神聖視されるようになった。

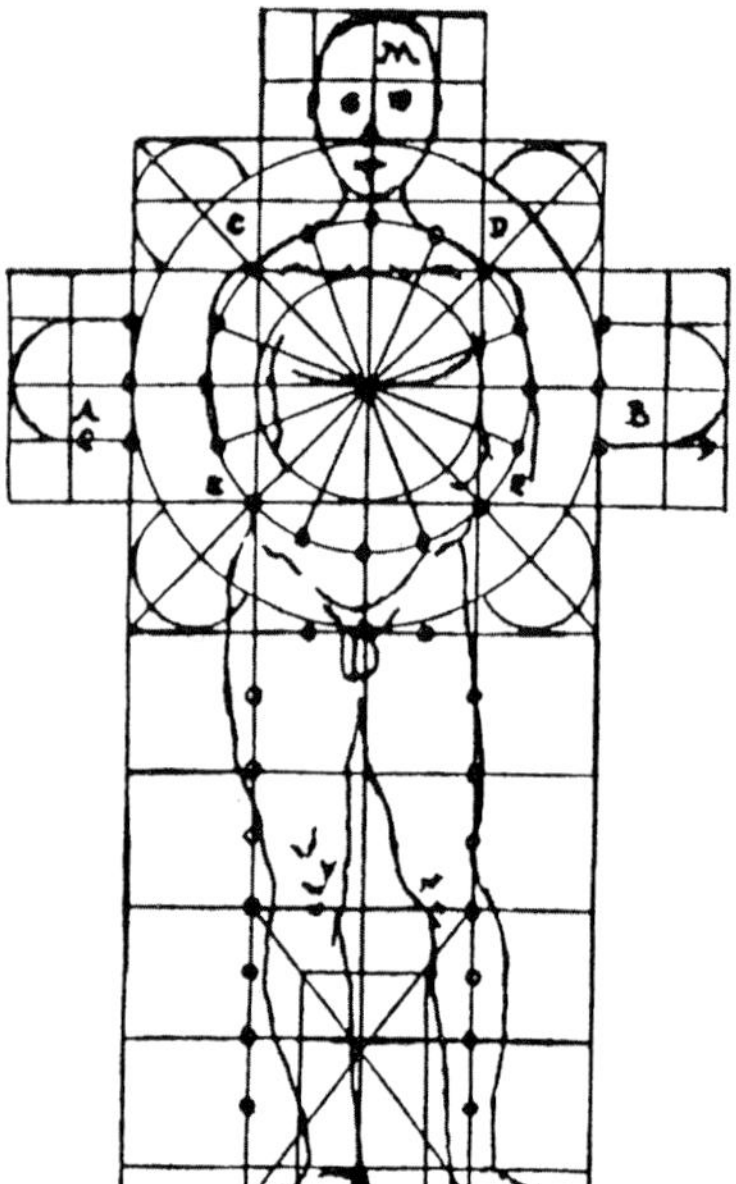
フランチェスコ・ディ・ジョルジョによる
教会堂平面プロポーションの研究

ルネサンスの

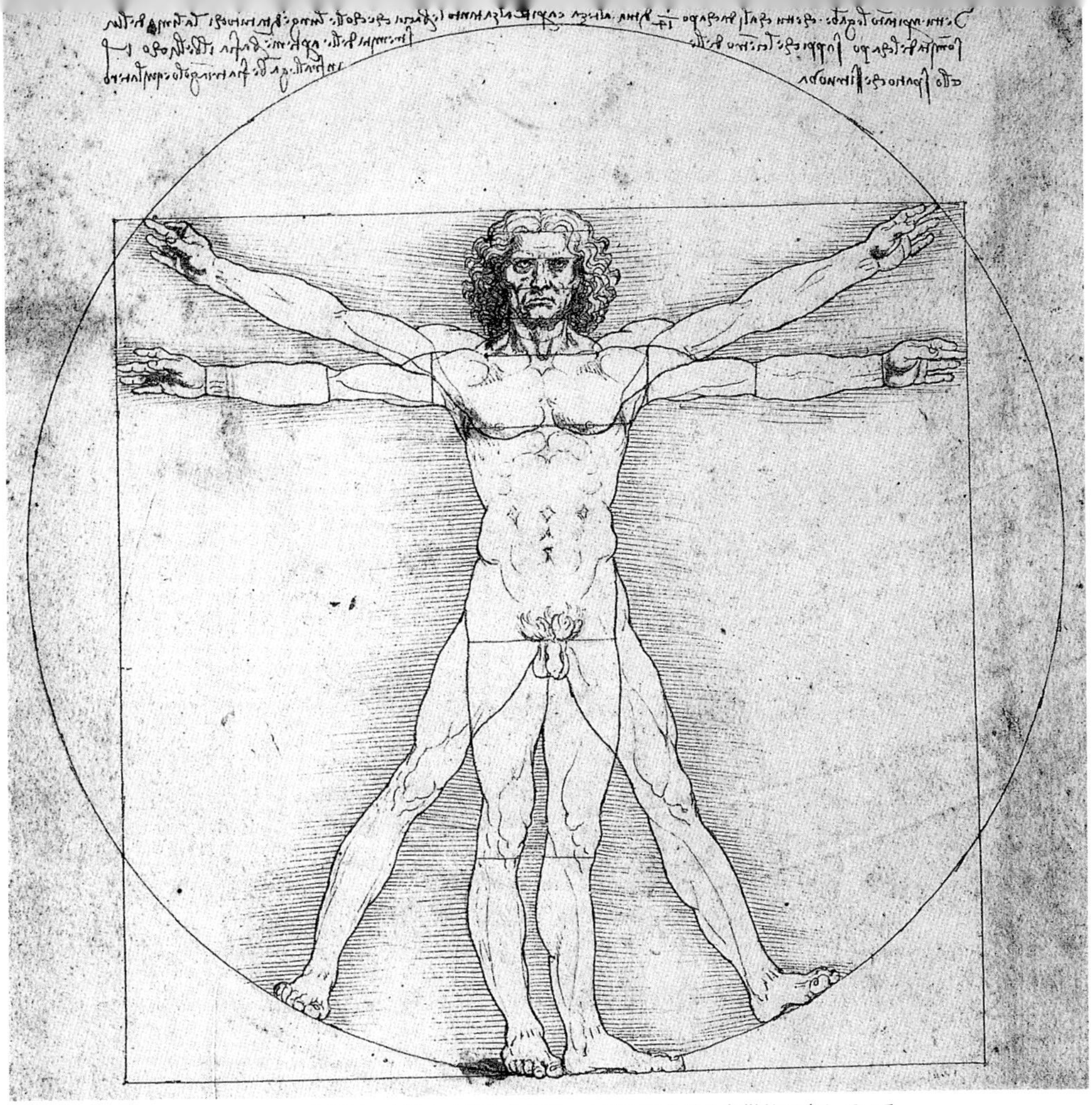

レオナルド・ダ・ヴィンチによる人体図：人間と宇宙との調和、人間の完全性を象徴的に表している

人々は、ローマ建築の外見をただ単に模倣したわけではなく、原理にまで遡ってその法則を探求し、理想化し、自らの創造の手本としたのである。「五つのオーダー」（トスカナ式、ドリス式、イオニア式、コリント式、コンポジット式）（五五頁参照）が定式として確立されたのも、実はこの時代においてである。

中世の人々は、神は有限な世界を超越した存在であって、人間は神の被造物たる世界の一断片にすぎないと考えた。これに対してルネサンスの人々は、神は無限なる世界のなかに存在し、神の似姿たる人間は神が世界において現す調和と完全性の映しであると考えた。

レオナルド・ダ・ヴィンチの、人体が正方形と円に同時に内接する有名な図は、神が内在する大宇宙とその映したる人間＝小宇宙との間の数理的調和を象徴しているといわれる。このような人体図は、当時聖書のごとくに扱われたヴィトルヴィウスの『建築書』に記述がみられるものであって、ルネサンスの建築家の理想をよく表している。

ブルネレスキの名作フィレンツェの捨子養育院：
円柱が支える半円アーチとその上に載るエンタブラチュアの組み合わせはルネサンス最初期の特徴

初期ルネサンス

ブルネレスキによる捨子養育院（フィレンツェ　一四二一～四五年）は、最初のルネサンス建築とされる。

この建物は、広場に面した下階をアーケードとし、上階を平滑な壁面とするファサード（建物正面のこと）構成が特徴である。円柱と半円アーチによるアーケードは、古代末から中世初期にかけてよく用いられた形式であるが、とくにフィレンツェを中心とするトスカナ地方ではこの伝統が強く残り、ロマネスク建築の全期間を通じて用いられつづけた（一般的にロマネスクやゴシック建築は円柱ではなくピアを、またゴシック建築は半円アーチの代わりに尖頭アーチを用いる)。それゆえに、捨子養育院のアーケードは、この地方のロマネスク建築の伝統を受け継いでいるといわれる。

しかしこのファサードには、ロマネスクやゴシック建築にはない革新がある。コリント式の円柱、下階と上階を分かつエンタブラチュア、そして四角い枠付きの窓と、その上に載るペディメントがそれである。これらはいずれも、ローマ建築の造形要素である。

ところで、円柱と、円柱が支えるエンタブラチュアの一そろいがオーダーであるから、円柱にアーチを架け、その上にエンタブラチュアを載せる捨子養育院のアーケードは、オーダーの原則から外れるものである。のちにこの矛盾は、ローマ建築のより厳密な研究によって解消されることになるが、これも初期ルネサンスの新しい表現であった。

しかも、半円アーチのゆったりとしたスパン、アーチの明瞭な縁取り、そしてほっそりとした円柱がつくりだす軽やかなリズム感は、ロマネスクやゴシック建築はもちろんのこと、ローマ建築にもない独自の表現である。実は、この軽やかな構造はアーケードの背後に隠された鉄のタイバー(引っ張り棒)によって実現されているのだが、このような技術の発想自体がルネサンスのものである。

同細部:コリント式柱頭とアーチの間にブロック化されたエンタブラチュアが挿入され(ローマ建築に模範あり:45頁参照)、古典性が強められている

フィレンツェのサン・ロレンツォ聖堂(1425~60 ブルネレスキ):捨子養育院のファサードと同様のモチーフが内部に適用され、明澄で軽やかなリズムをつくりだしている

パラッツォ・ルチェルラーイの細部：コロッセオの立面を適用し、ローマ建築のより深い理解を示す

アルベルティによるパラッツォ・ルチェルラーイ（フィレンツェ）

パラッツォ・メディチ（フィレンツェ）のルスティカ仕上げの街路側壁面：オーダーそのものは使用されていないが比例調和的な構成をもつ

パラッツォ・メディチの中庭：捨子養育院ファサードのモチーフを適用

パラッツォ

アルベルティによるパラッツォ・ルチェルラーイ（フィレンツェ　一四四六〜五一年）は、街路に面した三層構成のファサードにコロッセオの立面を適用しており、ローマ建築のより深い研究の成果を示している。

オーダーは平滑なレリーフ状の壁面パターンにすぎないが、各階のプロポーションや窓の配置などが、オーダーの原理にしたがって決められていることがわかる。オーダーの間隙を埋める目の粗い切石積みのパターンは、ルスティカ（粗石積み）と呼ばれるルネサンスで多用された技法である。

パラッツォ・ルチェルラーイに先行するパラッツォ・メディチ（フィレンツェ　一四四四〜五九年　ミケロッツォ）の外壁では、ルスティカが全面的に採用されているが、オーダーそのものはまだ使用されていない。しかし、最上部の大きなコーニスと、これに見合った全体のプロポーションのとり方は、オーダーの比例に依存して

テンピエットのドリス式オーダー

ルネサンス建築の完成と目されるブラマンテの傑作テンピエット（ローマ）：ロンドンのセント・ポール大聖堂やパリのパンテオンなど、後のドーム建築に大きな影響を与えた

パラッツォ・ファルネーゼ正面（ローマ）：エディキュラ形の窓の規則的な配置が古典的性格を強める

パラッツォ・ファルネーゼ正面のエディキュラ形の窓：三角形のペディメントと弓形のペディメントを交互に載せる

いる。一階をロッジア（吹き放しの柱廊）とするこの建物の中庭の形式は、捨子養育院のアーケードの構成に着想を得ており、これ以後、各所で模倣された。

盛期ルネサンス

聖ペテロ殉教の地に建てられた記念礼拝堂テンピエット（ローマ 一五〇二〜一〇年 ブラマンテ）は、ルネサンス建築の完成と目される作品で、盛期ルネサンスの厳格な古典主義的性格をよく表している。古代ローマのドリス式円形神殿をモチーフとするが、ドームを架けたケラ（神室）をエンタブラチュアの上方に大きく突出させる発想は独創的で、のちの古典主義建築に大きな影響を与えた（たとえばロンドンのセント・ポール大聖堂やパリのパンテオンなど）。

パラッツォ・ファルネーゼ（ローマ 一五三〇〜四六年 サンガルロ、ミケランジェロ）もまた、盛期ルネサンスの代表作である。ここでは、平滑な壁面に並ぶエディキュラ形の窓の彫塑的な扱いが、三層構成のファサードに強い古典的性格を与えている。

とくに主要階（ピアノ・ノビレといい通常は二階におく）をなす第二層は、エディキュラの円柱をペデスタルに載せ、このペデスタルと窓台のつく

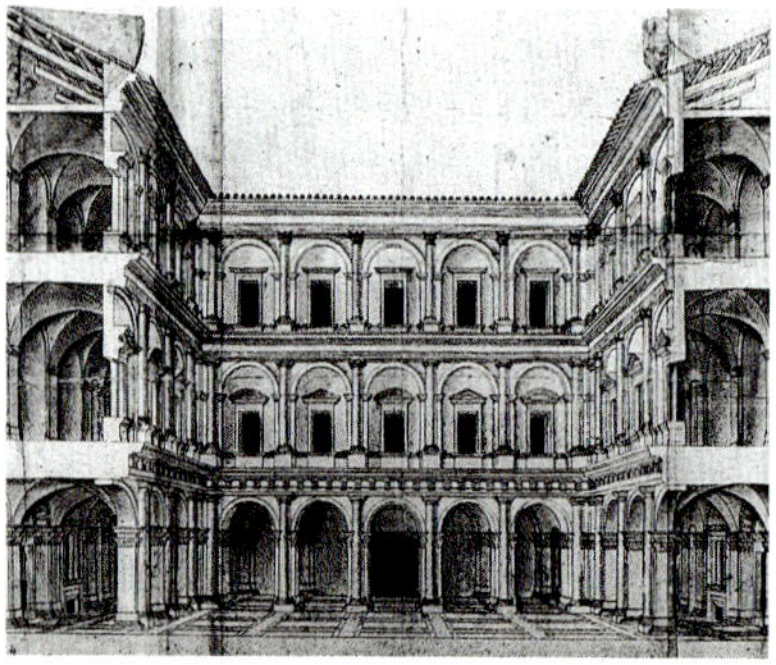

パラッツォ・ファルネーゼ中庭側の立面：コロッセオの外壁モチーフを適用

ブラマンテによるラファエロの家（ローマ　現存せず）：ルスティカ仕上げの1階にオーダーを載せた二層構成の外観は、ルーヴル宮殿東面やオペラ座など後の建築に大きな影響を与えた

る水平帯の構成をコロッセオに忠実にならうなど、古典的格式の高さを示している。中庭側の立面には、オーダーの浮き彫りを貼り付けたコロッセオの外壁モチーフが再現され、エディキュラ形の窓を内包する。アーチの頂点がエンタブラチュアに接する点で、コロッセオよりも厳密な幾何学性を追究したといえよう。

後期ルネサンス オーダーの多様な適用とマニエリスム

ローマ建築の復興と古典的調和の実現が完璧に達成されてしまうと、ルネサンス建築は普遍的な目標を失うことになる。建築家は、そのような状況のなかで、自らの独自性を示す芸術の方向を探らなければならなかった。

　こうして、古典的正統から離れてオーダーの新しい適用を模索するいっぽう、オーダー本来の意味や文法に背《そむ》いてモチーフを自由にくずし、さらには分解・融解してしまうような過激な傾向が現れてきた。それら

ミケランジェロの傑作パラッツォ・デル・セナトーレ（ローマ　カンピドリオの丘）：大オーダーのつくる威風堂々たる外観は、建築に新しい表現をもたらした

パラッツォ・デイ・コンセルヴァトーリ（ローマ　カンピドリオの丘）：大オーダーと小オーダーを組み合わせた独創的な表現は、後の建築に大きな影響を与えた

パラディオの傑作ヴィラ・ロトンダ（イタリア　ヴィチェンツァ）：正方形の建物の四面に古代神殿の正面をポーティコとしてつける。オーダーの純粋で清廉な表現により、古典的性格の強い詩的な空間をつくりだしている

の手法は、オーダーのもつ本来的意味の了解を前提としたうえでの逆説として示されるところに特徴があり、その意味で入念に計算されたものであった。後期ルネサンスに属するこのような強い自意識に基づいた傾向を、マニエリスムという。

大オーダーの発明

古代ローマの元老院があったカンピドリオの丘に建てられた三棟の建物は、オーダーの用法に変革をもたらした。台形広場正面のパラッツォ・デル・セナトーレ（一五九二年〜　ミケランジェロ）は三階建ての建物であるが、一階をルスティカ仕上げとして基壇のごとくに扱い、その上にピアノ・ノビレと最上階を載せる。

　しかしピアノ・ノビレと最上階を分かつ水平の要素はなく、代わりに二階分の高さをもつオーダー（これを大オーダーという）が全体を統一する。大オーダーの並びがつくる威風堂々たる外観は、ファサードを小割りにするこれまでのオーダーの適用法からは生まれえなかった、まったく新しい建築表現である。

パラディオ設計のバシリカ（ヴィチェンツァ）：コロッセオの外壁モチーフをベースにしながら、大小のオーダーを組み合わせた独創的な表現をつくりだしている

　台形広場の両側面にはパラッツォ・デイ・コンセルヴァトーリ（一五六四年〜）とカピトリーノ美術館（一六四四年〜）が向き合って配置される。同一のデザインをもつこれら二階建ての建物は、正面の建物と同じくコリント式の大オーダーによって、ファサード全体の輪郭が決定されている。

　しかもここでは、広場に面した一階をロッジアとし、その開口部の両側に配されたイオニア式のオーダーが二階の壁を支えるという構図をとる。大オーダーの発明と、大小二種類のオーダーを一つの建物に有機的に組み合わせて用いる方法は、ミケ

ヴェネツィアのサン・マルコ図書館：パラディアン・モチーフをもつ華麗な外観

ランジェロの独創性から生まれたものであり、以後の建築設計の重要な語彙《ごい》となった。

パラディオのバシリカ（ヴィチェンツァ 一五四九年～）は、コロッセオの外壁モチーフをベースにしながら、アーチを受けるピアの部分を二対の小円柱に置き換えることによって、新しいモチーフをつくりだしている。大オーダーは用いないが、大小二種類のオーダーを組み合わせる点で、前述のミケランジェロの方法と共通である。このモチーフを、パラディオにちなんでパラディアン・モチーフという。このモチーフは、ヴェネツィアのサン・マルコ図書館（一五三七～九一年 サンソヴィーノ）においても華麗な外観の主導モチーフとなっている。

大小のオーダーを組み合わせて用いることは、二種類の比例体系を一つの壁面に導入することにほかならず、結果として複雑なリズムを生むことになる。古代にはなかったこのような方法は、次のバロック建築に継承され、バロックの動的な表現のなかでその効果を発揮することになる。

いっぽうでパラディオは、オーダーをより純粋な形で用いることによって、古典的理想を追究した。ヴィラ・ロトンダ（ヴィチェンツァ 一五六七～七〇年）は、正方形の建物の四辺に古代の神殿正面をポーティコとして付けた構成をもつ。ポーティコのエンタブラチュアは壁面にも連続して、オーダーの原理を全体にゆき渡らせる。厳密な対称性にもかかわらず、基壇の上に立つイオニア式の優雅な列柱と、抑制された簡素な壁面とが協和して、均整のとれたプロポーションのうちに統一と調和の感覚が生まれている。

神殿の正面だけを切り取って貼り付ける方法は、すでにローマのパンテオンに見られたが、パラディオの作品を通してヨーロッパ中に広まることとなった。

オーダーの分解

ミケランジェロのロレンツォ図書館前室（フィレンツェ 一五二一～三四年）の内部は、矛盾に満ちている。二本ずつ対になった円柱が、常識に反して壁の中に押し込められ、部分的に後退したエンタブラチュアを受ける。円柱の下に付けられた持ち送りには厚みがなく、支えるべき円柱は壁の中にあって、持ち送りの上にはない。

持ち送りというのは、壁から突出した柱や床を支えるものであるから、これでは意味をなさない。円柱は、上からの力を支え、それを床に伝え

ミケランジェロ設計のロレンツォ図書館前室：矛盾に満ちた悲劇的空間

るという本来の役割を果たさず、まるで棺の中に納められた死体のようにみえる。円柱の間にあるエディキュラの内部は盲窓《めくらまど》となって、虚ろである。すべての要素が、本来語るべき意味を語らず、何かを拒絶しているようである。ここにあるのは、沈黙による不安、死を予感させる悲劇的な何かである。

　ジュリオ・ロマーノのパラッツォ・デル・テ（マントヴァ　一五二六年～）は、不思議な建物である。一見して眼につく特徴は、ドリス式のオーダーに重ね合わされたルスティカの壁面である。前出のパラッツォ・ルチエルラーイでは、壁面全体の彫りは浅いが、ルスティカの面とオーダーとの区分は明瞭である。しかしここでは、オーダーの彫りは深いにもかかわらず、ルスティカとの区分が不明瞭となり、両者が融合してしまっているのである。

パラッツォ・デル・テ：4本の円柱がエンタブラチュアを介してアーチを支える庭園への入り口部分

　融合どころか、入り口のペディメントはルスティカに侵食され、風化しかかっている。盲窓の上のペディメントにいたってはコーニスが消失し、水平アーチの放射状迫石の上に、（本来ありえない取り合わせだが）残滓《ざんし》のように貼り付いているだけである。しかも、それらのペディメントは頂点で左右に分解されている。

　さらに、エンタブラチュアの石はところどころ（ペディメントの真上に）落ちかかっているし、二本一組のはずの円柱のペデスタルは分断され、代わりに入り口の小円柱とペアになっている。まるで土の中から現れた古代の廃墟、遠い過去の記憶の断片のような趣を漂わせた建築である。

　ミケランジェロの作品は、深い精神性からくるきわめて高度な芸術表現をもつが、あまりに深刻で、その衝撃力が強すぎたためか、これにならう作品は現れなかった。一方、ルスティカを多用するジュリオ・ロマーノの作品は、機知に富んでいて受け入れられやすく、のちの建築に大きな影響を与えた。

ジュリオ・ロマーノによるパラッツォ・デル・テ（イタリア　マントヴァ）
中庭から庭園への入り口：分解されたオーダーとルスティカの意表をつく組み合わせにより、古代の廃墟を思わせるような外観をつくりだしている

column

ルネサンス教会堂のファサード

ルネサンスおよびこれ以降の古典系の建築では、教会堂のファサードにいかにしてオーダーを適用するかが、大きなテーマであった。万能の人アルベルティも、いくつかの試みをおこなっている。そのなかで、フィレンツェのサンタ・マリア・ノヴェッラ聖堂は、S字形曲線をもつ斜めの壁で凸形の上部と下部を結合している。この方法は、凸形のファサードの上段と下段にそれぞれオーダーを適用したとき、上下に分離しがちなファサードを一体化するのに非常に有効な方法であった。そのため、ローマのイル・ジェズ聖堂（七六頁参照）を通じて、ヨーロッパ中に広まった。

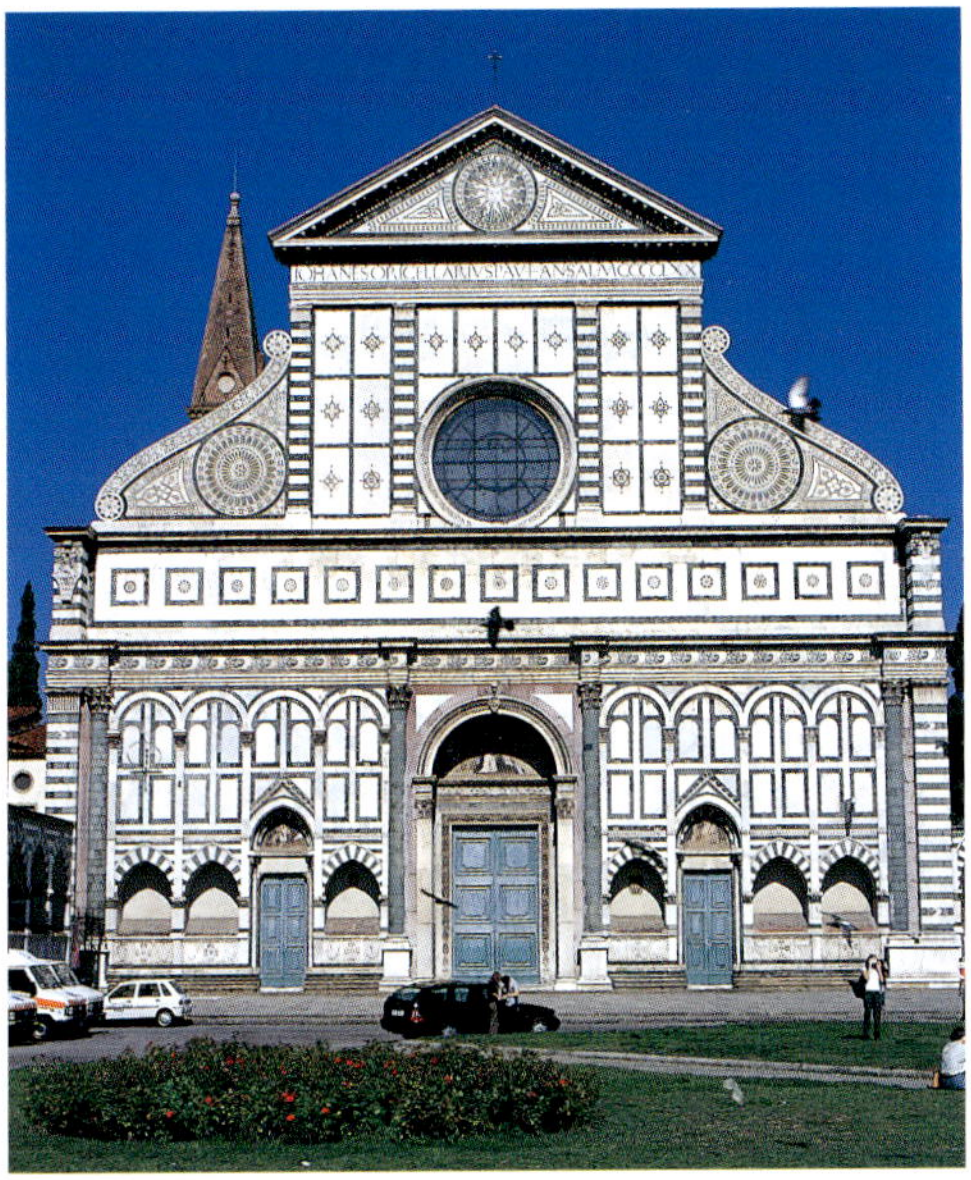

フィレンツェのサンタ・マリア・ノヴェッラ聖堂
（1448～　アルベルティ）

マントヴァのサン・セバスティアーノ聖堂（1459～　アルベルティ）

ヴェネツィアのイル・レデントーレ聖堂
（1577～　パラディオ）

マントヴァのサンタンドレア聖堂
（1472～　アルベルティ）

column

万能の人アルベルティ

常人を超える運動能力

ルネサンスは、神を頂点としたそれまでの世界観から、人間を中心とした世界観へ、大きな転換がおこなわれた時代である。人間は、神の単なる被造物としてではなく、それ自身固有の価値をもった存在として自覚されるようになったのである。ここにおいて人々は、神の偉大さよりも、人間の能力に多くの関心を向け、「全能の神」の前にひれ伏すかわりに、「万能の人」に喝采を送ることになる。

「万能の人」というのは、いうまでもなく、あらゆる分野に他に抜きんでた才能を発揮した人である。そのような人として、真っ先に思いうかべるのはレオナルド・ダ・ヴィンチであるが、ここでは、もう一人の万能の人、レオン・バティスタ・アルベルティ（一四〇四〜七二）を紹介しておこう。

アルベルティは、本書では、パラッツォ・ルチェルラーイやサンタ・マリア・ノヴェッラのファサードを設計した建築家として登場している。しかし、これらの実作品に増して後の芸術思潮に大きな影響を与えたのは、建築創作のための理論書として書かれた『建築論』である。この著作については、後でふれることとし、まずはアルベルティの万能ぶりをみてみよう。

アルベルティは、建築、絵画、彫刻の分野で傑出していただけでなく、数学、幾何学、法律、音楽に通じ、詩や物語などの文芸にも大いなる才能を発揮した。オルガンの名人で、作曲を得意とし、二〇歳の頃にラテン語でものした喜劇は、できがよすぎて古代ローマ時代の作品と間違われるほどに、人々から賞賛されたという。運動能力は常人の域をこえており、乗馬、登山、槍投げ、球技、徒競走のほか、剣術、武術、舞踏を得意とした。一説によれば、足を閉じたまま人の肩を飛び越えることができ、コインを放り上げれば、フィレンツェ大聖堂のドームのいただきにまでとどいたといわれている。

建築を学芸の域に

著作活動をことのほか好み、その論題は、倫理、公民、法律、宗教、教育、文芸から力学、工学、数学、さらには聖人伝や恋愛論にいたるまで、きわめて多岐にわたった。これらの著作のなかで、アルベルティは、一市民の視点から政治的腐敗を嘆き、国家における徳と正義の重要性を説くいっぽう、生きることの苦痛と困難を知る生身の人間として、魂の平静をみだす精神的不安やそれから解放されるための方法について論じている。家庭生活と子供の教育や友情について論じた『家庭論』は、ルネサンス教育論の名著といわれている。

アルベルティはまた、測量器械を発明して古代遺跡を実測し、湿度計や水深計をも考案した。古代船の考古学や船の建造法について書き、変わったところでは、馬の性質と調教法についてまで論じている（実際、乗馬の名手として、アルベルティはどんな荒馬をも猫のように手なずけることができたといわれている）。

これらすべての著作の中で、歴史的にもっとも重要といわれるのが、『建築論』である。この著作は、『絵画論』とともに、それまで職人技とみなされてきた芸術を、学芸のレヴェルに引き上げる理論的根拠となったものである。

「学芸」とは、古代的自由人にふさわしい教養を意味し、文法、修辞学、弁証法の三科と、算術、幾何学、天文学、音楽の四科からなっていた（これらをあわせて自由七科という）。四科の根幹をなすのは数学であったから（音楽も数学的比例調和の学問とみなされた）、数学的根拠をあたえることによって、建築と絵画は学芸の仲間入りをすると考えられたのである。

純粋の建築家として

ルネサンスになると、建築を一つの芸術作品とみなす考え方が生まれ、中世的な職人とは異なる、芸術家としての建築家が登場する。

したがって、芸術家であれば誰でも建築を設計できると考えられた。実際、この時代の多くの建築家は、画家であり、あるいは彫刻家であった。たとえば、ブルネレスキは彫刻家・建築家であり、ラファエロは画家・建築家であり、ミケランジェロは画家・彫刻家・建築家であった。アルベルティはどうかというと、アルベルティは純粋の建築家であった。建築は、彫刻、絵画を含めた芸術分野のうちで、手仕事的な領域からもっとも遠く、幾何学と数学を土台とする点でほとんど学芸そのものであった。アルベルティは、学芸を身につけ数学と幾何学の専門知識を有する教養人にふさわしい職業こそ、建築家であると考えていたようである。

アルベルティ

『建築論』の序文で、アルベルティは、建築家を次のような人であるといっている。すなわち、「非凡な理性をもっている人であって、第一に、精神と知性とによって物事を決定する法を知っており、第二に仕事をおこなうに当たり、すべての材料を正しく統合する法を知っている人」、であると。

『建築論』は、装飾（オーダーとその適用法および各部意匠の表現などのこと）を中心に、建物の外形、敷地の選定、事前調査、建築材料の性質と製造法、各種工事、各種施設の計画、修復など、およそ現在の大学建築学科で教えるすべての分野を網羅している。しかし、この著作は、実用的な手引き書として書かれているのではなく、ましてや思弁的な論考として書かれているのでもない。全体を通じていえるのは、快適で、美しく、安全な住環境を実現するための、実践の書という性格である。

建築をこよなく愛して

建築は、人間の必要にもっとも強く結びついた芸術であり、しかも、アルベルティにとっての最高の善は、公共の利益に貢献することであった。それゆえに、アルベルティは、建築を純然たる市民活動と考えたといわれている。『建築論』は、そのための指南書なのである。この著作を完成させるのに、（万能のアルベルティでさえ）多くの困難に直面し、何度もくじけそうになったが、そのたびに最初の動機に立ち戻って自らを励まし、仕事を続行したのだと、アルベルティ自身が語っている。

そして何よりも、アルベルティは、建築をこよなく愛していたようである。「われわれは、他の仕事に忙しい最中でさえ、いかにしばしば知的に、心中で数々の建築を想起せざるをえないことか！」と、建物を想像する悦びを語るいっぽう、最高の教師たる古代の実例が、「日々消されていくのを、私は涙なしには見ることができなかった」（実際、ルネサンスの人々は、中世の人々がしたよりもはるかに多くの石材を、古代遺跡から略奪したといわれている）と、愛惜の念を告白している。

『建築論』以後のアルベルティは、残りの生涯を、論文の執筆よりも、建築の設計と実施に没頭して過ごしたという。

4 バロック

反宗教改革

バロック建築誕生の原動力は、反宗教改革にあったといわれている。ルネサンスは、人間の価値を再発見したが、そのいっぽうで教会の腐敗に厳しい批判の眼を向けさせ、アルプスの北側で激烈な宗教改革を引き起こした。

宗教改革においてルターが訴えたのは、人間が正しい道を歩んでいるかどうかは、ただその信仰いかんによるのであり、重要なのは典礼ではなく、信仰の原点としての聖書である、という主張であった。典礼は人間の救いにとって必要不可欠であるとするカトリック教会は、この改革運動に脅威を感じ、ローマ教皇庁を中心に自らの浄化・粛正をすすめ、反宗教改革を強力に展開した。

ここにおいてカトリック教会は、民衆の心をつかむため、感覚に訴え情感に直接働きかけるような演出により、典礼を劇的に盛り上げることに力を注いだ。こうして教会堂は、典礼のための劇場と化し、絵画、彫刻と建築が混然一体となって、いわば宗教的大スペクタクルを上演する場となった。

バロック建築の特徴

「バロック」という言葉は、「ゆがんだ真珠」を意味するポルトガル語に由来するといわれている。マニエリスムが、ルネサンスに対する逆説的・消極的抵抗であるのに対し、バロックは、ルネサンスへの正面からの反抗であると解釈される。

マニエリスムにおいては、オーダーの扱いに知的工夫が凝らされ、新奇性や意外性が追究されたが、オーダーは平面内にとどまっており、基本的には盛期ルネサンスと同様、静的な性格が保たれた。バロックでは、オーダーのモチーフを変形することはあっても、マニエリスムのように分解・融解してしまうことはなく、むしろオーダーに敬意をはらいつつ、その大胆な適用によって力強い動的な表現を創出した。

凹凸の強調、うねる曲面、過剰な装飾、光と影の演出、中心軸の強調、空間的抑揚、これらがバロック建築

サンタ・マリア・イン・カンピテッリ聖堂（ローマ　1663～）の内部：大胆に突出したオーダーがつくる壁面の複雑な凹凸が、光と影を劇的に交錯させる［撮影：河辺泰宏氏］

サンタ・マリア・デッラ・ヴィットーリア聖堂（ローマ　1620〜）の内部：絵画、彫刻、建築が混然一体となり、教会堂は宗教的大スペクタクルを上演する場となる［撮影：河辺泰宏氏］

の特徴である。ここには、規則正しい繰り返しのリズムはなく（この傾向はマニエリスムにおいても、すでに明らかであったのだが）、ルネサンスが理想とした古典的な調和とは異なる、躍動の美学が存在する。個別的な傾向としては楕円の愛好がある。円が静的で完結的であるのに対し、楕円は、収縮と膨張が拮抗する動的な力を暗示させるがゆえに、バロックでは好

イル・ジェズ聖堂（ローマ）の天井（1668〜の改築）：絵画、彫刻、建築が一体化した幻覚的表現［撮影：河辺泰宏氏］

んで用いられた。

サン・ピエトロの再建

カトリック教会の頂点に位置するローマのサン・ピエトロ大聖堂（四世紀創建）は、木造天井を架けるバシリカ式（長堂式）の教会堂であったが、一六世紀には古びて傷みが激しかったため、教皇ユリウス二世によって再建計画が立てられた。バシリカ式に代わり、十字形プランの中心に大ドームを架けるブラマンテの案が採用され、一五〇六年に着工された。

ブラマンテの死（一五一四年）による工事の停滞の後、一五四六年に教皇ユリウス三世はミケランジェロに工事の遂行を命じた。ミケランジェロは、ブラマンテの案を基本としながら、中央のドームに焦点を絞った、より彫刻的でたくましい設計案を作成し、工事を再開した。ミケランジェロの死（一五六四年）後も複数の建築家が工事を引き継ぎ、ほぼ原案どおりに工事は完了した（一五八九年）。完成したミケランジェロのドームは、後期ルネサンスの傑作に数えられる。

ブラマンテとミケランジェロの採用した集中式プランは、ルネサンス的理想である宇宙と人間の完全性を具現化したものであったが、祭壇に向かう長軸方向の動きを重視する典礼の現実的要求に沿うものではなかった。そこで、一七世紀に入ると教皇パウロ四世は、大聖堂を伝統的なバシリカ式に改変するため、ミケランジェロのドームの前方に長堂を付加する増築工事を決断した。マデルノが建築家に選ばれ、一六二四年までに、長堂とその正面がバロック様式として完成した。

ローマのサン・ピエトロ大聖堂正面：オベリスク、マデルノによる衝立のような正面、その背後にミケランジェロのドームが見える

サン・ピエトロの正面

サン・ピエトロの正面を支配するのは、コリント式の大オーダーである。大オーダーそのものはルネサン

サン・ピエトロ正面：柱列を前後にずらすことにより中央部が強調される。このずれはエンタブラチュアの屈折となって現れている

スの発明であるが、ここにはルネサンスとはまったく異なる複雑な配列法がみられる。典礼の重視は、祭壇に向かう中心軸の強調を必然的に招くことになったが、それが建物外部にも流れ出て、正面の構成に影響を与えているのである。

　詳しく見ていくと、サン・ピエトロの正面は、古代の神殿側面に、ペディメントのある神殿正面を重ね合わせた構図をもつことがわかる。しかも、神殿正面部分の柱列と側面部分の柱列は同一垂直面内になく、前者の柱列が後者のそれよりも前方に置かれている。このように、柱列を含む垂直面（層）を前後に重層させる方法は、中央を強調するために用いられるバロック特有の方法である。層の重なりは、層の合わせ目に柱を近接して並べることにより強調される。これが、オーダーの配列を複雑にしている要因でもある。

サン・ピエトロ内部：聖ペテロの祭壇とベルニーニによる大バルダキン

同上：聖ペテロの祭壇上方にそびえるミケランジェロのドーム

同上：身廊から聖ペテロの祭壇のほうを見る

ベルニーニによるサン・ピエトロ前面の楕円形大コロネード

ここで二つの聖堂、イル・ジェズ（ローマ　一五六八年〜　ヴィニョーラとデラ・ポルタ）とサンタ・スザンナ（ローマ　一五九七年〜　マデルノ）の正面を比較してみたい。

　イル・ジェズの正面は歴史的にきわめて大きな影響を与えた作品で、サンタ・スザンナもこれにならった多くの聖堂の一つである。両者は非常によく似ているが、イル・ジェズは後期ルネサンスに、サンタ・スザンナはバロックに属するという。様式の違いはどこにあるのだろうか。

　両聖堂とも、下層は五つの柱間からなる。イル・ジェズは、入り口両側を除くすべてをピラスターとし、それらを二本一組の双柱にして並べる。端部から二番目のところでピラスターと壁の突出が大きくなるが、双柱の広がりのある並びの印象が勝っているため、目立たない。また、入り口の両側だけは四分の三円柱とするものの、隣のピラスターと対にして双柱の並びに同調させている。こうして中央部の強調はやわらげられている。

　これに対しサンタ・スザンナでは、両端のみをピラスター、他を二分の一円柱、四分の三円柱、完全円柱として、中央に近いものほど突出を大きく、輪郭を明瞭にする（このような柱の扱いはエンタブラチュアにも段状の突出となって現れている）。しかも両端の柱間を絞り、正面が横に広がる印象を抑える。このように、全体が中央への収斂《しゅうれん》を意図して構成されている。オーダーの構成と配列から生まれるそのような収斂運動が、サンタ・スザンナをバロックたらしめているのである。

　サン・ピエトロ正面には、以上のような手法がすべてみられる。

ローマのイル・ジェズ聖堂

ローマのサンタ・スザンナ聖堂

column

バロックの多様なファサード

バロックでは、オーダーを前後に重層させることによって、中央部を強調した起伏に富んだファサードをつくりだしている。

パリのヴァル・ド・グラース聖堂（1645頃）

パリのソルボンヌ聖堂（1635～42）

ヴェネツィアのサンタ・マリア・デラ・サルーテ聖堂（1631～87）

ローマのサンティ・ヴィチェンツォ・エ・アナスタジオ聖堂（1646～50）
［撮影：河辺泰宏氏］

ローマのサンタンドレア・アル・キリナーレ聖堂

ローマのサンタ・マリア・デラ・パーチェ聖堂（1656～57）

サン・ピエトロの内部とコロネード

サン・ピエトロの前面広場には、二四八本のドリス式円柱からなる大コロネード（円柱廊）がベルニーニによって建設され（一六六七）、マデルノの正面に連結された。コロネードは、一五八六年に据えられた大オベリスクを中心とする楕円形平面をもっており、サン・ピエトロ正面、さらには正面の中央入り口を通過して堂内交差部にある聖ペテロの墓と祭壇、そしてその上方にそびえるミケランジェロのドームを焦点とする壮大な空間軸を演出している。

長堂内部では、エンタブラチュアの強い水平線が、視線を交差部に導く。古典系の教会堂では、内部立面を小割りにするのを好まず、単層のオーダーで壁面を大きく分割し、その上部を構成するエンタブラチュアによって、壁面とドームやヴォールトなどの曲面天井を境界づけることが多い。サン・ピエトロでは、アーケードの太いピアに付けられた双

サン・カルロ・アレ・カトロ・フォンターネ聖堂正面：全体を支配するのはうねりの感覚

同上内部の楕円形ドーム：ランタンからの光に照らされた幾何学模様の格間

サン・カルロ・アレ・カトロ・フォンターネ聖堂内部：うねるエンタブラチュア

ベルニーニによるサンタンドレア・アル・キリナーレ聖堂（ローマ）の楕円形ドーム見上げ

柱のピラスターがエンタブラチュアを支え、その上に格間《ごうま》付きのトンネル・ヴォールトを架ける。このような構成法は、アルベルティがマントヴァのサンタンドレア聖堂（一四七〇年）ではじめて考案したものだが、その力強いテンポゆえにバロックでは好んで用いられた。

　話題を再び外部にもどそう。ベルニーニのコロネードは、建築と外部空間とを劇的に結びつけている。盛期ルネサンスを含め、それまでの建築は周囲から独立した一つの完結した造形物として構想されたが、マニエリスム以降、周囲の環境とのかかわりにおいて建築造形をとらえる視点が生まれた。ヴィラ・ロトンダ（六六〜六七頁参照）は、なだらかに広がる美しい田園風景との調和という観点から造形されているし、ローマのカンピドリオ広場の建築群（六五〜六六頁参照）は、都市的な空間軸を明確に意識している。バロックにおいて、都市空間とのかかわりは建築設計上の重要なテーマとなった。

サン・カルロ聖堂

サン・カルロ・アレ・カトロ・フォンターネ聖堂（ローマ　一六三八年〜　ボルロミーニ）は、小規模だが独創的な作品である。

　ファサードは、サン・ピエトロやサンタ・スザンナよりもいっそう彫刻的かつ躍動的な表現をもつ。基本的には、四本の円柱からなるオーダーを二段に重ねた構成であるが、全体を支配するのは、うねりの感覚である。

　円柱自身は直線上にあるのだが、エンタブラチュアと壁が波形に湾曲する。とくにエンタブラチュアは強い水平の帯をつくり、それが印象を決定づけている。実際、下層の柱間は凹凸凹の起伏をもつのに対し、上層ではすべての柱間が凹形に窪んで複雑な動きが生じており、そのことをエンタブラチュアは明瞭に示している。各柱間に挿入された小オーダーのエンタブラチュア（六五〜六六頁参照。ミケランジェロがカンピドリオで発明したモチーフ）が、壁面の湾曲をさらに明確にしている。

　中央部は、下層の凸曲面に上層凹曲面を対応させる複雑な仕方で強調される。そして入り口の上に聖カルロの像、その上に玉ねぎ形の屋根を載せた楕円筒形の窓枠、最上部には楕円形のメダイヨンを配して、劇的に演出されている。

　サン・カルロの内部は、楕円形平面の長軸を中心軸としながら、各軸方向に三つの祭壇と入り口のための副次的な膨らみをもつため、ファサード同様、波打つような抑揚が生じている。ここでもエンタブラチュアの湾曲と屈折が、空間の輪郭を明瞭に示している。エンタブラチュアの上からは半ドームとペンデンティヴ（曲面三角形）が立ち上がり、中央の楕円形ドームを支える。中心のランタン（採光塔）から幾何学模様の格間を照らしながら降り注ぐ光が、濃淡に富んだ陰影をつくり、空間の効果を劇的に高めている。

各地への伝播

以上見てきたように、バロックにも、サンタ・スザンナのように古典

パリのオテル・デザンヴァリッド（廃兵院 1680〜1735）正面：フランス・バロックの代表作。正面はバロックながら抑制のきいた古典的雰囲気を示す

セント・ポール正面のコリント式双柱

ロンドンのセント・ポール大聖堂（1675〜1710）正面：イギリス・バロックの代表作。フランスと同じく、抑制のきいた古典的雰囲気を示す

ミュンヘンのザンクト・ヨハン・ネポムク聖堂
（ドイツ1733〜）［撮影：太記祐一氏］

フィアツェーンハイリゲンの巡礼聖堂
（ドイツ1743〜）［撮影：太記祐一氏］

オテル・デザンヴァリッド
のドーム見上げ

的な性格を比較的温存する傾向と、サン・カルロのように激しい抑揚をともなう劇的な傾向とが存在した。この傾向は、外国のバロック受け入れの態度にも表れている。

フランスとイギリスは前者の傾向を独自の形で発展させ、宮廷建築と教会堂を中心に、いっそう古典的性格の強い作品を生み出した。フランスでは、やがて宮廷の愉楽的な趣味を反映し、とくに室内空間の表面装飾的な様式として、より優雅で繊細なロココ様式が生まれた。

いっぽう、熱烈なカトリック信仰が生きつづけていた南ドイツとスペインでは、後者の傾向をさらに発展させ、神秘的で幻惑的な宗教空間を創造した。

column

ドームの系譜

「囲う」という機能に含まれる概念に、「覆う」という機能がある。この機能を表明するのは、「屋根」と「天井」である。

ヨーロッパの建築史を眺めたとき、日本建築のように、傾斜した屋根を表現の主役とする建築は、ほとんど見あたらない。しかし、ヨーロッパ建築においても「覆う」ことは、重要な表現の一部を担ってきたし、ときにそれが表現の主役となることもあった。「ドーム」がそれである。

もともと「ドーム（dome）」という言葉は、ラテン語の「家（domus）」という言葉を語源とする。中世、ルネサンスを通じて「家」「屋根」「天の覆い」などの意味を保持し、とくに崇拝されるべき重要な建物に対して用いられた。現在でもイタリア語のドゥオモ（duomo）、ドイツ語のドーム（Dom）が「大聖堂」を意味するのは、この語が本来の意味を失っていないからである。

ドームの起源はきわめて古く、石造建築が発達する以前の紀元前七〇〇〇年頃まで遡ることができるといわれる。組積造のドームが大きく発展したのは、ローマ時代になってからである。なかでもロ

パリのパンテオンのドーム

ロンドンのセント・ポール大聖堂のドーム

フィレンツェのサンタ・マリア・デル・フィオーレ大聖堂のドーム

ーマのパンテオン（四八〜五一頁参照）は、ブルネレスキがフィレンツェの大聖堂（サンタ・マリア・デル・フィオーレ）にドームを架ける一五世紀まで、世界最大の規模を誇った。

ところで、パンテオンのドームは、「屋根」ではなく「天井」の表現である。つまりドームの外観にではなく、内部空間に表現の主眼がある。外観においては、（ドームの推力を壁の体積で支えるため）ドームは、外壁の中に半分埋没し、姿をはっきり見せない。

「屋根」の表現が前面に出てくるのはルネサンス以降で、サンタ・マリア・デル・フィオーレがその先がけとなった。このドームは、紡錘形の輪郭をくっきりと浮かび上がらせながら、フィレンツェの上空高くそびえている。この外観こそが、ブルネレスキの狙いであり、それを実現するために、太さ三〇cm角、長さ三mの木材六〇本を鉄のプレートで結合したリングが、ドームの基部に埋設された。

これ以降、ドームは、「天井」の表現としてだけでなく、上空にそびえる「屋根」の表現として、ヨーロッパ各地に建てられるようになり、都市のスカイラインに大きな変化をもたらした。ローマのサン・ピエトロ大聖堂をはじめ、ロンドンのセント・ポール大聖堂やパリのパンテオンなどは、その代表である。これらのドームは、屋根と天井を構造的に区別した二重殻、あるいは（採光塔を支える円錐殻を間に挿入した）三重殻となって、「屋根」としての外観を主張する。

話を語源にもどすと、ドームという語が、上方に湾曲した半球や紡錘形の屋根、あるいは天井を示す建築用語として用いられるようになったのは、一七〜一八世紀のフランスとイギリスにおいてである。セント・ポールとパンテオンのドームが、ロンドンとパリの空に姿を現したのは、まさにこの頃である。それらのドームが、人々の心を強く惹きつけたであろうことは、想像に難くない。

ローマのサン・ピエトロ大聖堂。ミケランジェロのドームの遠望

5 新古典主義

理性と考古学

一八世紀は、人間が自らの理性を信頼し、神の啓示や宗教的権威によってではなく、理性の力によって世界を把握しようとした時代である。そのために、あらゆる知的探究がなされ、人間と社会のあるべき姿が追究された。このような啓蒙運動は、一七〜一八世紀にかけて成立した近代自然科学を後ろ盾とし、ものごとを合理的に理解しようとする理知的な態度を根底にもっていた。

建築の分野では、考古学的研究の成果により、古典古代の建築の姿が、ルネサンスの人々が理解したよりもはるかに深く、かつ正確にとらえられるようになった。またその過程で、ローマ建築の源流としてのギリシア建築の重要性が認識されるようになった。こうして、建築形態の合理的理解と真に古典古代的なものに対する共鳴から生まれたのが、新古典主義の建築である。

新古典主義建築の特徴

一八世紀に入ると、まずオーダー

パリのパンテオン正面：新古典主義最初の大作

同上内部：コリント式の独立円柱が直線的なエンタブラチュアを受け、バロックにはない理知的雰囲気をつくりだしている

の歴史的な正統性が確認され、ついでオーダーのより純粋な用法が原理に遡って追究された。

すでに述べたように、オーダーの造形原理は、エンタブラチュアとそれを支える円柱という構造方式を、芸術的に洗練することによって生み出されたものである。したがって、オーダーの用法が純粋であるということは、細部の形態が考古学的に正確であるというだけでなく、各部の扱いが、そのような構造方式の表現として理にかなっている（すなわち合理的である）ということにほかならない。

当然のことながら、純粋な用法は、オーダーを生み出したギリシアの神殿建築（およびこれを模したローマの神殿建築）にある。その後、ローマ建築およびこれ以降の古典系建築では、前述の意味で合理的ではない用法や要素が現れ、造形語彙として用いられるようになった。それらを以下に整理してみよう。

①オーダーを浮き彫りのように壁に貼り付ける方法（ローマ以降）

②オーダーを上下に重ねる方法

ラ・マドレーヌ（パリ）外観

同上コリント式オーダーの細部

サン・シュルピス聖堂（パリ　1766～）の西正面下部：ドリス式オーダーの適用例

コンコルド広場（パリ　1733～）の海軍省庁舎：ルーブル東面に似た構成をもつ

（ローマ以降：ギリシア建築にもあるが、神殿外観にはみられない）
③双柱（ルネサンス以降）
④大オーダーと小オーダーの併用（後期ルネサンス以降）
⑤パラディアン・モチーフ
⑥円柱の不均等な配列（バロック）
⑦ピラスター、二分の一円柱、四分の三円柱、完全円柱などの混用（バロック）
⑧円柱の前後の重層化（バロック）
⑨エンタブラチュアやペディメントの湾曲と屈折（バロック）
さらに装飾的な部分として、
⑩アティックやエディキュラの付加（ローマ以降）
⑪弓形のペディメント（ローマ以降）
などが挙げられる。

これらの用法や要素をもっとも駆使したのはバロック建築であり、新古典主義は、そのようなバロックに対する反動という側面を強くもっていた。そして、もっとも純粋である古典古代の神殿建築を理想とし、前記の用法や要素を可能なかぎり排除した表現をめざしたのである。

フランス・バロック

ところで、先にフランスとイギリスは、イタリアから受け入れたバロック建築を、より「古典的」性格の強いものに発展させたと述べた。そこでは「古典的」という言葉を、相対的な概念として、イタリアのバロックに比べると前項に挙げたような用法や要素が少ない（すなわち合理的である）という意味で用いている。

ここで時間を少しだけ遡り、フランス・バロックの代表的な作品であるルーヴル宮殿東側ファサード（パリ　一六六七年〜　ペロー　八七頁参照）を調べてみよう。

このファサードは、古代の神殿正面を神殿側面に重ねた構成をもつ点でサン・ピエトロと共通であるが、より古代的な風格をそなえている。それは、次のような「古典的」な構成からくるものである。柱を対にして用いる双柱の方法は古代にはないのだが、①壁を背後に深く後退させることによってそれら双柱を壁から独立させ、②かつ均等な間隔で整然と並べている。③オーダーを上下に重ねず、④アティックを廃してエンタブラチュアとペディメントの輪郭を明瞭にしている（ただし、わずかに残るバラストレードが非古典性をとどめる）。

以上の点が古典的である。加えて、列柱を高い基壇状の階に載せる方法は、古代ローマのいくつかの神殿を想起させる。

いっぽうバロック的といってよいのは、中央部と両端部を壁にしてわずかに突出させ、列柱の吹き放し部分との間に強い明暗の対比をつくる点、そしてこれらの壁部分の柱を付け柱（ピラスターと完全円柱を併用）にして、吹き放しの柱列と重層させる点であろうか。

新古典主義の誕生

新古典主義の建築は、ルーヴルの東側ファサードからさらに徹底的に非古典的な要素を排除することによって生まれる。たとえば、双柱を単円柱に置き換え、付け柱を独立円柱にして壁を後退させる。そして柱列の重層をなくし、バラストレードを

ルーヴルの建築

1546年から工事がはじまったパリのルーヴル宮殿(現ルーヴル美術館)には、ルネサンスから20世紀にいたるまでの各時代の様式がみられる

東側ファサードの全体（1667～74　ペロー）：フランス・バロックの代表だが古典的風格をもつ

東側ファサードの細部：基壇状の1階の上に双柱のオーダーが載る構成は「ラファエロの家（64頁参照）にヒントを得ている

中庭北西部分：フランス・バロックの特徴である角形ドームを載せる時計のパヴィリオン（1624～　ルメルシエ）とルネサンス様式の翼屋（レスコーの1546～のデザイン）

同左ルネサンス様式の翼屋部分：凱旋門モチーフを適用

新館のリシュリューのパヴィリオン（1852～57）：盛期ルネサンス、マニエリスム、バロックの細部を混合した歴史主義の作品

ルイ・ナポレオン広場の「ピラミッド」：イオミン・ペイの設計により、ルーヴル美術館への入り口として1989～93年に建設された

イギリスの新古典主義建築

新古典主義は、知の殿堂、美の殿堂にふさわしい様式として博物館や美術館によく用いられた。大英博物館はその代表である。イギリスではまた、高級集合住宅や官庁建築の長大なファサードにも適用され、独特の都市景観をつくっている

ユニヴァーシティ・カレッジ
（ロンドン　1825〜）

セント・パンクラス聖堂
（ロンドン　1822〜）

カンバーランド・テラス
（ロンドン　1826〜）

ラドクリフ図書館
（オックスフォード
1737〜49）

セント・マーティンズ・インザ・フィールズ聖堂（ロンドン1722〜）：手前はナショナル・ギャラリー

パーク・クレセント（ロンドン　1812～）

大英博物館のグレート・コート。
ガラス屋根は2000年

大英博物館の正面外観

廃止するなど。また、高い基壇状の階を低い階段に変えれば、ギリシア的な外観に近くなる。もちろん、これらの操作に応じた比例全体の変更が必要となる。

実際、新古典主義建築はフランスで誕生したのだが、それは決して偶然ではなく、もともと合理性を追求する精神的素地がフランスにあったからにほかならない。その最初の大建築とされるのは、パリのパンテオン（旧サント・ジュヌヴィエーヴ聖堂　一七五五年～　スフロ）である。

パンテオンは、十字形平面をもち、交差部にドームを載せる。このような建築はローマにも、ましてやギリシアにも存在しなかったが、整然と並んだコリント式の独立円柱とペディメントからなるファサードの構成、そしてドーム基部ドラム（円筒部分）の均質な柱列とエンタブラチュアによる構成が、古典古代的な印象を強めている。内部においても、コリント式の独立円柱が直線的なエンタブラチュアを受け、バロックにはない理知的な空間をつくりだしている。

新古典主義の展開

一九世紀初期のフランスは、ナポレオンが古代ローマに心酔したこともあって、豪壮華麗なローマ的なものを好んだ。たとえばラ・マドレーヌ（パリ　一八〇六年～）は、独立円柱だけからなる古代神殿の外観（内部はドームを架ける）をもつが、その巨大さと基壇の存在およびコリント式のオーダーが、ローマ的な雰囲気を与える。

いっぽう一八世紀中頃以降、考古学によってギリシア建築のオーダーが明らかにされ、それがローマ建築よりも純粋であるという認識が高まってくると、イギリスとドイツは、簡素にして厳格なギリシア建築を復興する方向に進んだ。この場合、考古学的な知識を正確に反映したギリシア・ドリス式またはギリシア・イオニア式のオーダーを用いることが多かった。ロンドンの大英博物館（一八二三年～　スマーク）やベルリンのアルテス・ムゼウム（一八二四年～　シンケル）はその代表的な作品である。

とくに一九世紀ヨーロッパのもっとも偉大な建築家とされるシンケル設計のアルテス・ムゼウムは、正面にのみイオニア式の列柱を配して両端を袖壁とするきわめてシンプルな外観をもち、厳格にして気品のある美しさをつくりだしている。

新古典主義のうちには、考古学的

ベルリンのアルテス・ムゼウム（1823～）：ドイツ新古典主義の名作
［撮影：太記祐一氏］

正確さよりも建築の原理的な面に強い関心をもち、装飾を廃して単純な幾何学的形態を追究する動きがみられた（ブレーやルドゥーの作品など）。この動きは近代建築を先取りする思想を含んでいたが、やがて来る歴史主義の波にのみ込まれてしまい、近代建築に直結するにはいたらなかった。

歴史主義

バロックの時代までは、古代ローマ建築は規範とすべき唯一絶対のものであったが、ギリシア建築が再発見されるにおよんで、そのような価値観がくずれ、いっぽうではロマン主義の流行に歩調を合わせてゴシック建築の復興（第3章で説明）が始まった。こうなると、ギリシアもローマもゴシックも、もはや理想とすべき絶対的な様式ではありえず、相対的な価値しかもちえない。このような過去の様式の相対化は、やがてルネサンスやバロックをも復興させることになる。こうして、西欧にかぎらず（ビザンティンやエジプトなども含め）、歴史的価値の定まった過去のあらゆる様式が、建築創造の参照すべき源泉となった。これを歴史主義という。

パリのオペラ座（一八六一年 ガルニエ）は、そのうちのもっとも魅力的な作品の

パリのオペラ座正面：シャルル・ガルニエによるネオ・バロックの傑作。ルーヴル宮殿東面、さらにもとをたどれば「ラファエロの家」からの強い影響が認められる

同上コリント式双柱の見上げ：大オーダーと小オーダーの組み合わせはミケランジェロのパラッツォ・デイ・コンセルヴァトーリ（65頁参照）を模範とする

一つ、ネオ・バロックの傑作である。ここには歴史的な建築語彙が多く用いられている。

たとえば重厚な下階の上に双柱を並べる基本的な構成は、ルーヴルの東側ファサードに由来する。しかし、双柱を独立円柱ではなく壁付き柱とする同じ構成は、もとをたどるとルネサンスのブラマンテの作品（「ラファエロの家」現存せず）に行きつく。両端部を少しだけ突出させる手法もルーヴルにならっており、バロックの特徴である柱列の重層がみられる。

さらに、柱を大オーダーとし、その間に小オーダーを挿入する手法は、ミケランジェロがカンピドリオではじめて用いた手法の応用である。エンタブラチュアの上のアティックはローマ的で、全体のマッスを引き締めている。

そのいっぽうでオペラ座は、要求される複雑な機能をきわめて精妙にまとめた平面計画をもっている。歴史主義は、様式というういわば過去からの借り物を、建築の機能という身にまとわせる態度であり、その時代固有の様式を見失った結果とみることもできよう。

オペラ座の大階段：オペラ座は長い間世界最大かつもっとも美しい劇場として知られた

第3章

中世系建築の流れ

1 キリスト教建築の始まり

ゲルマン人の登場

それまでローマ帝国の東側にとどまっていたゲルマン民族の一部が、西進してきたフン族に押され、ドナウ河国境を越えて帝国領内に大挙して侵入、移住した事件（三七五年）は、古代と中世を分かつ歴史的大事件であった。以後ゲルマン諸族は、続々と領内に侵入して移住を繰り返した後、ようやく六世紀末頃までに各地に定着し、やがて今日のフランスやドイツやイギリスにつながる部族国家を建設することになる。

この頃のアルプス北側のヨーロッパ（ガリア）は彼らの故地と同様、鬱蒼たる森林に覆われており、ローマ人の建設した都市やガリア人（ケルト人）の集落、そして耕作地が、ところどころ島のように点在していたにすぎない。文字をもたず、都市を知らず、自然を崇拝し、厳しい自然環境のなかで素朴な生活を営んでいたゲルマン人は、それら都市の周辺部に定住し、高度に洗練されたローマの文化に接触した。

素朴ではあったが、彼らは活力に満ちていた。武勇を尊び、忠誠心に篤く、純潔を重んじ、そして情熱にあふれていた。ローマとの接触は、この若い民族に、成長に必要な多くの養分を供給した。こうしてゲルマン人は、すでに衰退の途上にあったローマに代わり、新しいヨーロッパ世界形成の役割を担うことになった。

ただ、ローマ人とはまったく異なる気質と価値観をもったゲルマン人は、ローマ文化の摂取に努めはしたが、それに同化することはなかった。彼らは民族的個性を決して見失うことなく、数百年という長い時間をかけ、独自の文化を創造したのである。

キリスト教の世界

ローマ人からゲルマン人へ、地中海からアルプスの北側へ、そして古代から中世へ、文化の漸次《ぜんじ》的転換の橋渡し役を演じたのは、キリスト教である。

三一三年のミラノの勅令によってキリスト教がローマ帝国に公認されると、ローマ教会は帝国の制度を利用して組織を整備・拡充し、領内の諸都市に司教座をおいて布教の核とした。

ガリアの地には四世紀頃からキリスト教が浸透しはじめ、五世紀に入ると、ほとんどの部族がキリスト教に改宗した。そして、四九六年にフランク王クローヴィスがカトリックに改宗するにいたって、ガリアはローマ・カトリックの組織のなかに組み込まれることとなった。これ以降ヨーロッパは、ローマ・カトリックの権威を強力な後ろ盾としながら、キリスト教文化を徐々に開花させていくことになる。

この時代の人々がもっとも力を注いだ建築は、いうまでもなく教会堂である。司教座をもつ大聖堂（司教座聖堂）をはじめ、教区教会堂や修道院教会堂など、大小合わせるとおそらく数十万の教会堂が、中世末までに建てられた。

教会堂とは何か

キリスト教徒にとって、イエスの磔刑《たっけい》と復活は、人類のすべての罪を背負って犠牲となったイエスが神に受け入れられたことを意味し、そしてこのことは、太古の昔に失われた人類と神との交わりが回復されること、すなわち「神の国」の到来が間近であることを証明するものである。それゆえに、キリスト教徒は教会をつくり、イエスの十字架と奇跡を儀式として繰り返すことによって、神の国の実現にそなえた。この儀式の

教会堂は祭壇のための建築である。マントのノートル・ダム聖堂（フランス　1170頃～）の祭壇

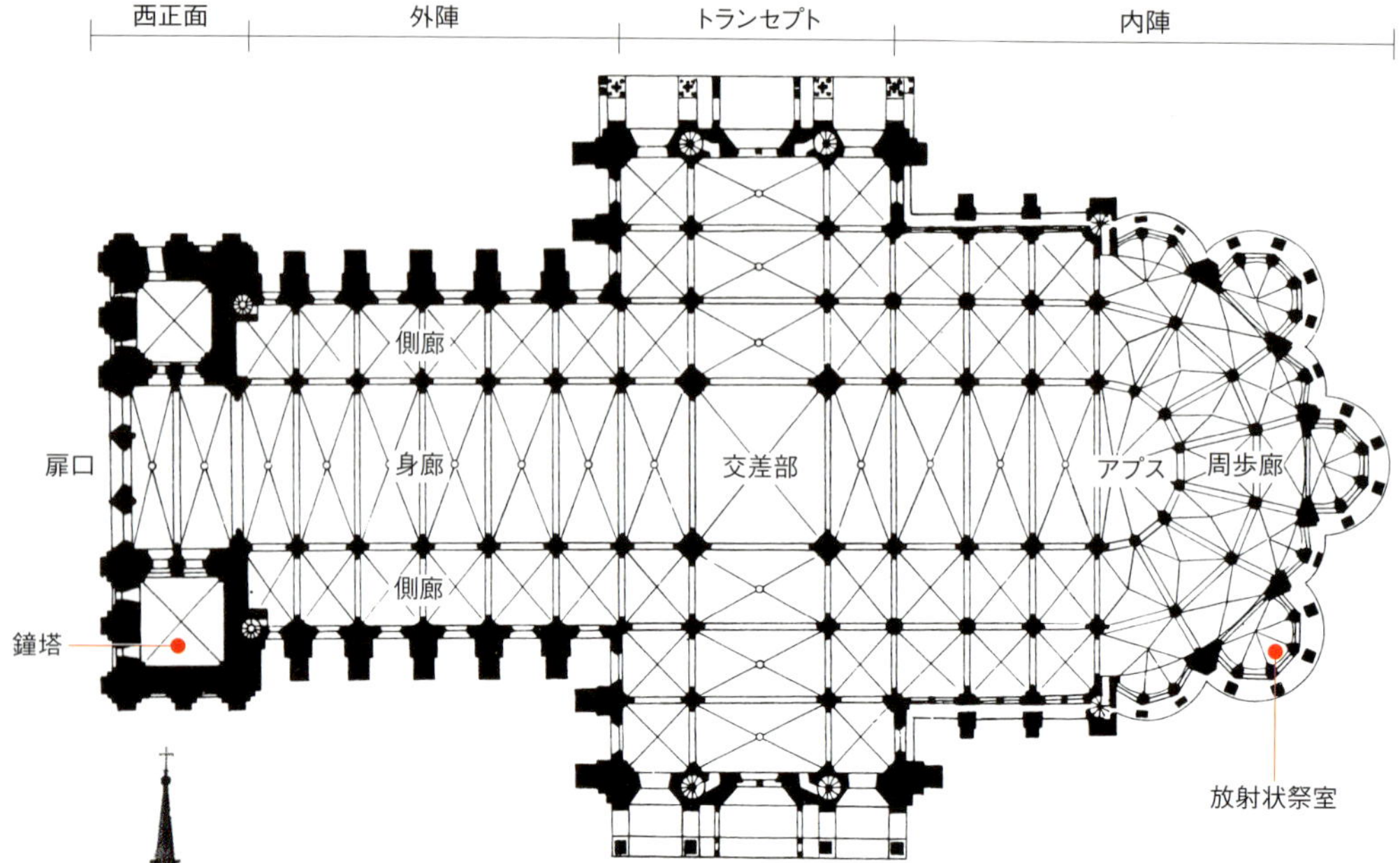
西正面
外陣
トランセプト
内陣
側廊
扉口
身廊
交差部
アプス
周歩廊
側廊
鐘塔
放射状祭室

【平面図】

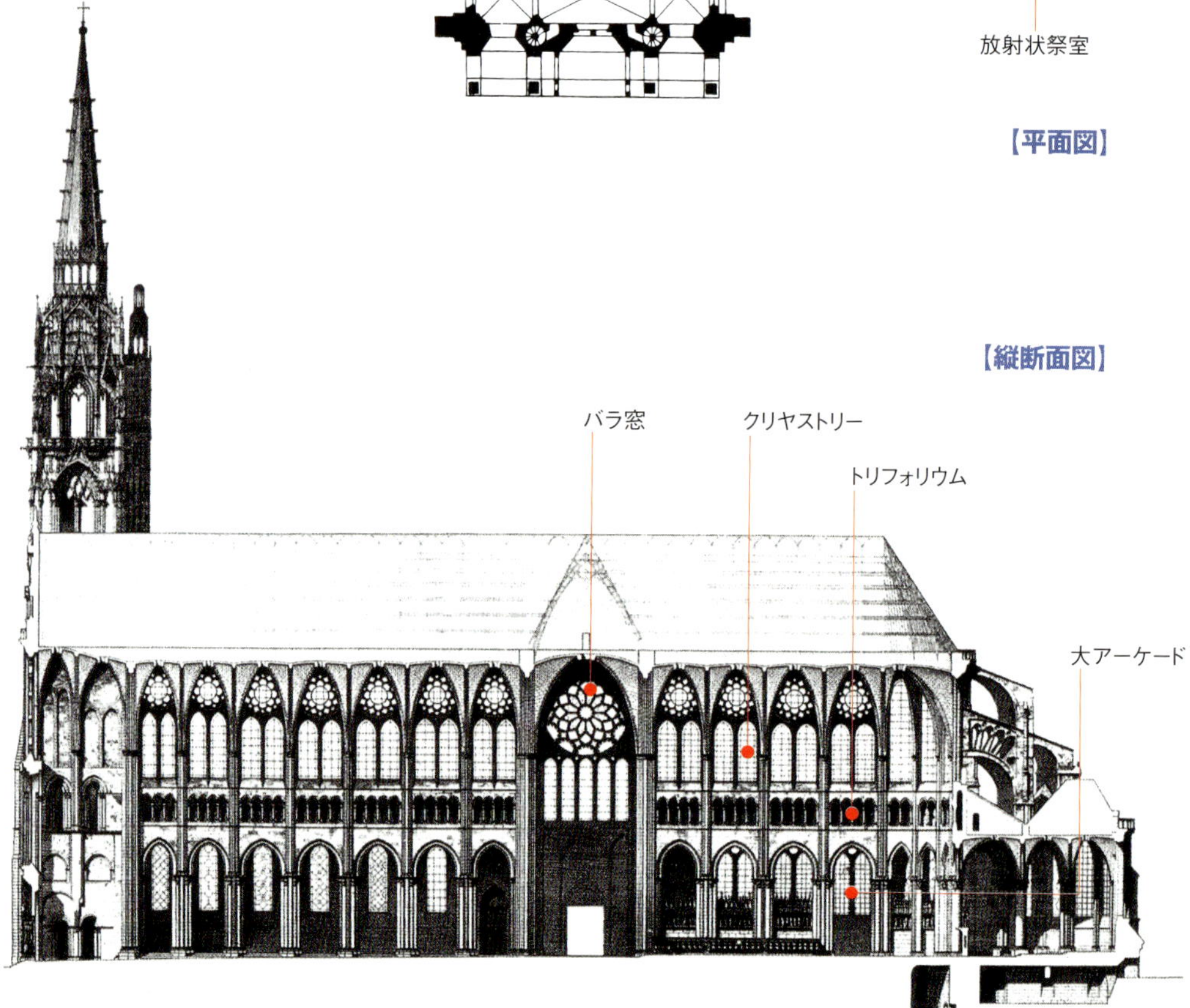
バラ窓
クリヤストリー
トリフォリウム
大アーケード

【縦断面図】

中世系建築の各部名称

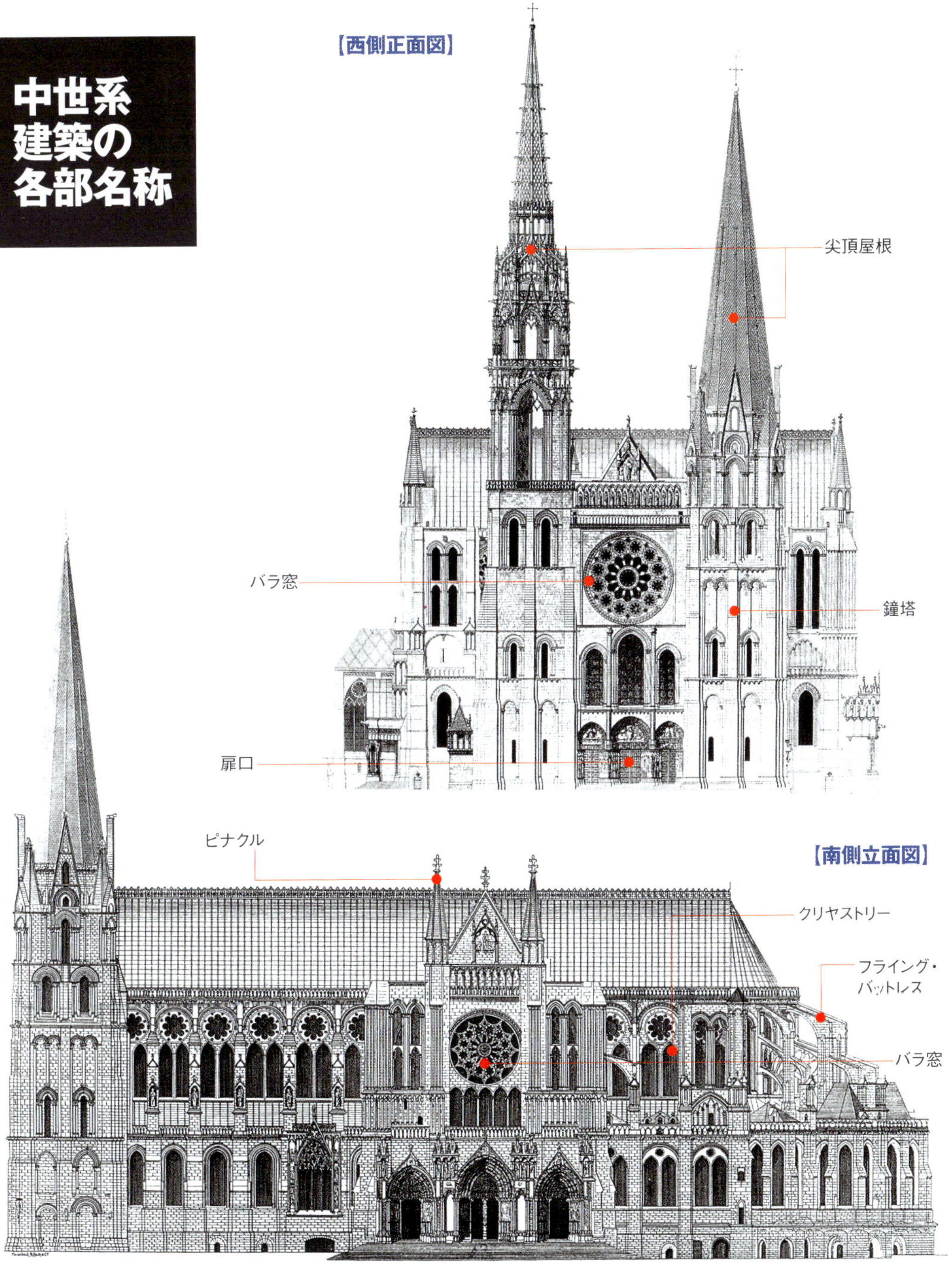
【西側正面図】
尖頂屋根
バラ窓
鐘塔
扉口
ピナクル
【南側立面図】
クリヤストリー
フライング・バットレス
バラ窓

祭壇を中心とする儀式空間を外界から隔離することが、教会堂の本来的な役割である。マントのノートル・ダム聖堂。内陣から祭壇をはさんで西側を見る

ことをミサ（典礼）といい、ミサの中心となる卓のことを祭壇という。

したがって、祭壇は、教会堂の核となるもっとも重要な部分である。そして、神の国の到来を期して、祭壇を中心とする儀式空間を外界から隔離すること、これが教会堂の本来的な役割である。こうして教会堂は、一枚の壁によって、外界の世俗的広がりから画然《かくぜん》と隔てられる。

教会堂にとっては、内部空間こそが聖域であり、壁の外はただちに世俗となる。実際、都市が過密になったゴシックの時代には、教会堂の外壁に寄せかけて人家が建てられることも珍しくなかった。古代ギリシアでは、神殿の前面に祭壇を置き、それらを含む外部空間を神域としたのと比べると、きわめて対照的である。

また、人間の姿と人格をもった神々を崇拝し、眼に見える現実の世界の美しさを讃えた古代ギリシア人に対し、中世の人々は、人間を超越した絶対的な神秘＝神を信仰し、「神の国」という眼に見えない究極的な実在を求めた。

教会堂は、外界から隔離された空間のなかに、地上的経験の世界を超えて、人々が待望する「神の国」を指示している。

囲うこと

第1章で述べたように、ギリシア建築が「支えること」の芸術表現を追究したのに対し、キリスト教の教会堂は「囲うこと」の空間表現を追究した。教会堂の「囲うこと」の根本的な動機が、外界からの聖域の隔離にあることは、先の説明から容易に理解できるであろう。

ここで、教会堂の「囲い」の形、

教会堂の外観は内部空間を外界から隔離する囲いの形を示している。マントのノートル・ダム聖堂

すなわち、建築の平面について説明しておこう。教会堂は通常東西に長い長方形の平面をもち、西側の端部に教会堂への入り口（扉口《とびらぐち》という）がとられる。この西側の正面を、とくに西正面《にししょうめん》という。

内部は、身廊《しんろう》と呼ばれる幅の広い中央の部分と、その両側の側廊《そくろう》と呼ばれる幅の狭い部分からなり、身廊と側廊は列柱で分かたれる。身廊は側廊よりも天井が高く、列柱の上方には壁（身廊壁）が立ち上がる。この壁の上部にアーチ形の窓をあけて、身廊への採光を確保する。この窓をクリヤストリー（高窓）という。

身廊の東端部は、通常アプスと呼ばれる半円形の窪みとなって終わる。初期には、アプスに聖職者席を配置し、その前面に祭壇（主祭壇という）を置いたが、のちに聖職者席と主祭壇の位置は入れ替わった。アプスと主祭壇を含む東側の部分は聖職者の専用空間、すなわち内陣《ないじん》となり、一般信徒に開放される西側の外陣《げじん》から区別される。

内陣と外陣の間に、身廊に直交して短い廊がとられることが多い。この廊をトランセプト（袖廊《そでろう》）といい、トランセプトと身廊の交わる部分を交差部《こうさぶ》（外陣に含まれる場合が多い）という。したがって、トランセプトをもつ教会堂の平面は、西側に長い腕をもつラテン十字形となる。

なお、キリスト教公認直後の教会堂では礼拝形式が定まっておらず、ローマの旧サン・ピエトロ大聖堂のように、西側にアプスを、東側に入り口をとる教会堂も存在したが、六世紀には東側にアプスをとる配置が定式となった。ちなみに、オリエンテーション（定位）という言葉は、教会堂の建立にあたって、その方位（入り口から内陣に向かう中心軸）を東に定めたことに由来する。

以上のような、身廊と側廊からなる縦長の平面をもつ教会堂の形式を、（トランセプトの有無にかかわらず）バシリカ式と呼ぶ。バシリカとは、もともとローマ時代に会議や裁判などに使われた集会用の建物のことをいい、この形式がそのまま教会堂に転用されたものと考えられている。

バシリカ式に対して、円形や八角形など、有芯的な平面をもつ形式は集中式と呼ばれる。この形式は、洗礼堂などではよく用いられたが、参列した大勢の信徒と聖職者が祭壇をはさんで対面するミサの形態に適さず、教会堂の形式としては礼拝堂などに少数の例がみられるだけである。

ただし、ルネサンスの時代には、神が内在する宇宙と、その映しである人間の完全性を表すために、この形式の教会堂が熱心に追究された。ミケランジェロのサン・ピエトロがその代表であるが、ミサに適さないところから、完成後に外陣が付け加えられたことは、第2章でみたとおりである。

なおこのほか、その大半は小規模なものにかぎられるのだが、側廊をもたない単廊《たんろう》式の教会堂（バシリカ式には通常含めない）も多数建てられた。

また、側廊と身廊の天井の高さがほぼ同じ教会堂の形式を、ホール式という。この形式は、フランス西南部のロマネスク教会堂などにみられ、ドイツでは後期ゴシックの基本的な形式となった。

サンタ・マリア・マジョーレ聖堂（ローマ）：イオニア式円柱がエンタブラチュアを支える

内部と外部

教会堂は、囲われた内部空間に重要な機能と意味があるので、当然のことながら、表現の主眼は内部にある。外部は、あくまで内部の空間表現の結果として造形されるにすぎない。この点も、ギリシア建築が外から眺めるための造形を芸術的に昇華させたのと、大きく異なるところである。

サンタ・マリア・イン・トラステヴェレ聖堂（ローマ 12世紀の再建）：さまざまな種類の柱頭と太さの異なる円柱はこれらが転用材であることを物語る

ただし、「神の国」への進路を示す扉口は重要で、扉口を含む西正面は、独立した外部表現として重視される。また後述するように、一見複雑にみえるゴシック建築の外観も、内部の空間表現を実現するための構造的な仕組みを、外に露出した結果なのである。

内部空間でもとくに重要なのは、ミサが執りおこなわれ、信徒が参列する身廊である。とくに身廊の空間限界をなす身廊壁（以下、列柱上方の壁だけでなく、列柱のゾーンをも含めて身廊壁と呼ぶ）は、その造形的効果によって空間の特質を決定する、きわめて重要な部分である。

この身廊壁の変遷が、本章の中心課題となる。

オーダーの崩壊

四世紀にキリスト教が公認されると、教会堂が各地にいっせいに建てられはじめた。それ以前の三世紀から六世紀まで、時代的にいうと古代の末期に属し、ローマ建築の延長線上にあるそれら一群の建築を、初期キリスト教建築という。

ローマのサンタ・マリア・マジョーレ聖堂（四三二年）は、当時の姿を伝える数少ない作例の一つである。身廊と側廊を分かつイオニア式の列柱は、水平のエンタブラチュアを支え、その上の壁はコリント式のピラスターによって分割される。ピラスターは、同一の輪郭をもつクリヤストリーと盲窓（当初はクリヤストリーであった）を交互に内接させ、それらの位置と大きさを規定している。

クリヤストリー下の腰壁と、アプス前面の勝利門（トライアンファル・アーチ）と呼ばれるアーチには、聖書の場面を描いた当時のモザイク画が残る。大理石の円柱やエンタブラチュアやピラスターは、それらのモザ

サンタ・サビーナ聖堂（ローマ　5世紀）：
コリント式円柱がアーチを支える

イクとともに明るく豪華な雰囲気をつくりつつ、オーダーを二段に重ねた身廊立面のうちに、古典的な均整をもってまとめられている。

しかし、この頃の別の教会堂には、古典造形の要であるオーダーの原理が失われていく傾向が、すでに認められる。オーダーの大原則からすると、円柱が支えなければならないのはエンタブラチュアであって、円柱がエンタブラチュアの代わりにアーチを支えるということは本来ありえないことである。しかし、四世紀にはこの原則がくずれはじめる。

旧サン・ピエトロ大聖堂（三三〇年頃）は、一六～一七世紀にミケランジェロのドームとマデルノの外陣に置き換えられたので現存しないが、六世紀の絵画史料によると、身廊の列柱はエンタブラチュアを支えていた。しかし、内側の側廊とその外側にあるもう一つの側廊を隔てる列柱は、アーチを支えていた。

つまり、身廊に面した主要な部分ではオーダーの原則は維持されていたが、二次的なところでは、すでに原則の無視が始まっていた。

さらに、ローマのサン・パオロ・フオリ・レ・ムーラ（三八四年）は、サンタ・マリア・マジョーレよりも早い年代の教会堂であるが、身廊に面する主要部分の列柱が、エンタブラチュアではなくアーチを支えていた。

このように、四世紀から五世紀にかけて、オーダーの大原則がくずれはじめ、以後しだいに、列柱はアーチを支えるのが一般的となる。

アーチを支える列柱のことをアーケードといい、とくに教会堂建築では、身廊に面した地上階のアーケードを大アーケードと呼ぶ。中世建築では、アーケードは身廊壁を構成する重要な要素となり、オーダーに代わりアーチが壁面造形の主役となる。

しかし、なぜエンタブラチュアは放棄されたのだろうか。次の項で考えてみたい。

サンタ・コスタンツァ聖堂（ローマ　4世紀前半）：初期キリスト教の代表的な集中式の洗礼堂。ブロック化したエンタブラチュアの上からアーチが立ち上がる

エンタブラチュアからアーチへ

エンタブラチュアは、柱と柱の間に大きな一本石（モノリスという）を架け渡してつくられる。このような

大きな石材を切り出し、運搬し、加工するには、大きな労力と技術を必要とする。その労力と技術が、古代の末期にはすでに失われつつあった。

独立円柱もモノリスでつくられることが多かったが、すでに加工されたものが帝国領内のあちこちにあった。円柱は、都市の衰退によってうち捨てられた建物から取り外し、運んでくればよかった。実際、ローマ時代の末期には、円柱にかぎらず、建築石材の転用は普通におこなわれていたようである。

円柱は、太さの多少の不ぞろいを無視すれば、複数の建物から運んできたものでも、長さを切り整えるか、ペデスタルを挿入するかして、高さをそろえるだけで容易に転用できた。しかし、エンタブラチュアは、身廊の全長にわたってデザインが統一されていないと見栄えが悪く、転用は円柱よりもむずかしかったと思われる。

しかも、第2章で述べたように、エンタブラチュアはもともと石造建築の構造としては不利な方式である。その上に壁を載せる教会堂のような場合には大きな荷重を受けることになり、この不利はさらに増幅される。つまり、石造建築の実際的な観点からすると、アーチはエンタブラチュアよりもはるかに優れているのである。こうして、エンタブラチュアは、しだいにアーチにとって代わられたのである。

もちろん、このような実際的な事情だけではない。比例と調和の理念に基づく古典的な美的価値観そのものが、古代的ローマ文化の衰退とそれに代わるキリスト教的神秘主義の成長のなかで、しだいに失われていった。そのような価値観の変化が、エンタブラチュアの廃止を許したのである。

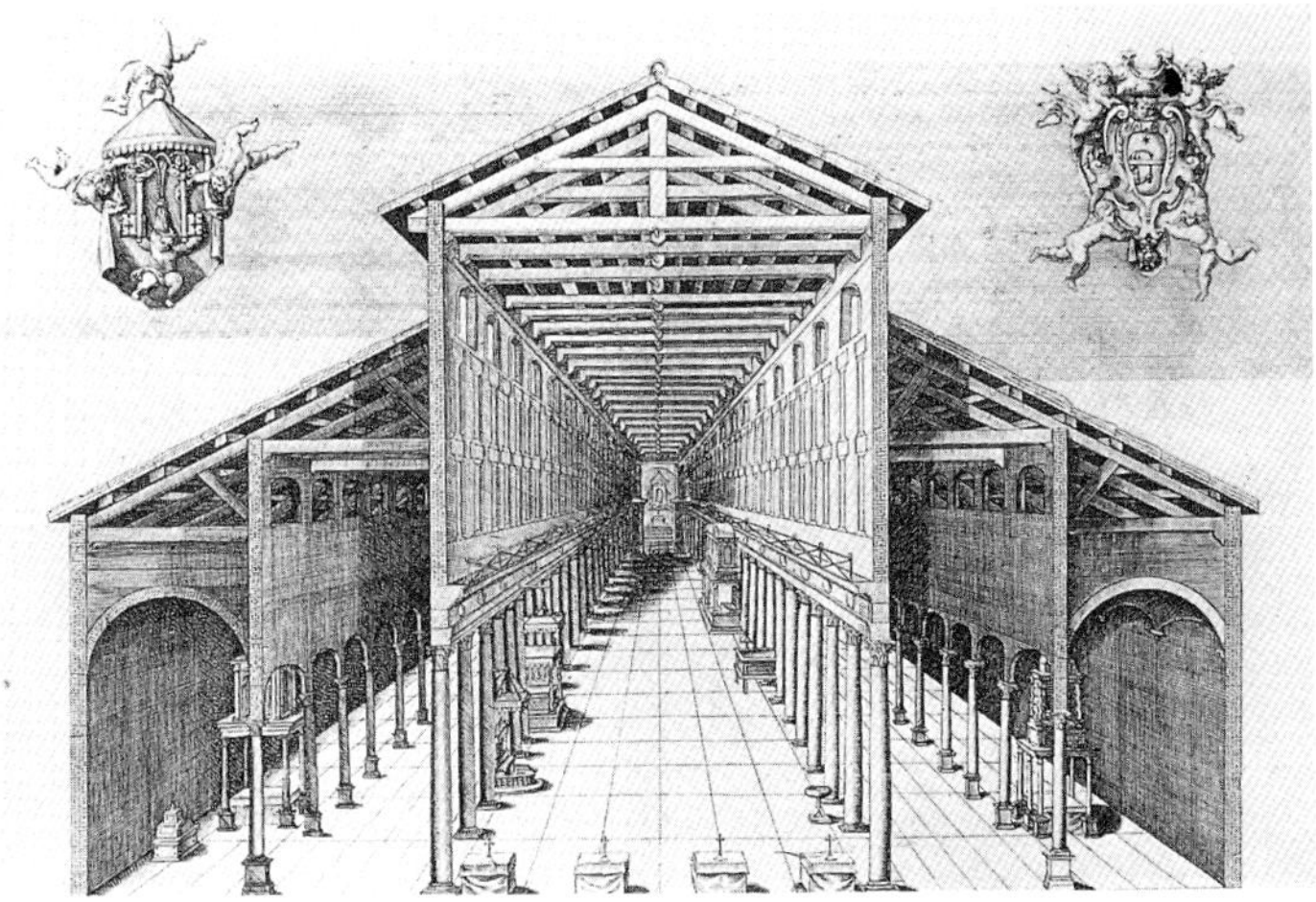
旧サン・ピエトロ大聖堂の内観図：身廊列柱はエンタブラチュアを支えるが、側廊の列柱はアーチを支える

サン・パオロ・フオリ・レ・ムーラ聖堂（ローマ）の復元内観図：身廊の列柱が支えるのはアーチ

2 ロマネスク建築

円柱からピアへ

　六世紀以降、建設技術は低下の一途をたどった。古典的教養のある建築家と技術に優れた職人はしだいに姿を消し、ローマ時代の石切場は生産を停止した。建設工事のうちでもっとも労力を要するのは石材の運搬であったので、なるべく地元に産する石材（石灰岩や凝灰岩や砂岩など）、それも比較的小さな石材を用いて建物を建てるのが普通となった（もちろん、木造の小規模な教会堂も数多く建てられたと推定されるが、遺構が残っておらず、詳細は不明である）。

　こうして、中世の初期には建築工事全般が零細化し、教会堂を再建する必要がある場合には、規模を縮小して建てるのがあたりまえとなったほどである。

　技術と経済が衰退したこのような状況下で、大きな一本石から正確に切り出す必要のある古典的な円柱は、多くの教会堂では望んでも得られない高嶺の花となってしまった。そこで、円柱の代わりに用いられるようになったのは、小さな石材を組み合わせてつくる（すなわち組積造《そせきぞう》の）四角いピアである。いうなれば、壁にアーチ形の連続開口をくり抜いた後に残る、単純な支柱である。

アーヘンの宮廷礼拝堂（ドイツ）。現存する数少ないカロリング朝建築の一つ

カロリング朝建築の雰囲気を残すヒルデスハイムのザンクト・ミヒャエル聖堂（ドイツ　1010～33）［撮影：太記祐一氏］

カロリング朝の建築

しかし、このような変化が、各地で一律に進行したわけではない。イタリアでは、古代の影響が中世を通じて残存し、円柱は局地的に用いられつづけた。また別の地方でも、円柱へのあこがれは古代以来、根強いものがあり、円柱は機あるごとに採用された。たとえば、カロリング朝の建築がそれを示している。

フランク王国を西ヨーロッパのほぼ全域にわたる大帝国にまで拡大したシャルルマーニュ（カール大帝）は、古代ローマの再興を図り、学問と芸術の振興に努めた。これをカロリング朝ルネサンスというが、この時期の現存する数少ない遺構の一つに、アーヘンの宮廷礼拝堂（七九八年〜）がある。

集中式の八角堂で、三層の内部立面をもち、全面的に大理石の化粧貼りを施す。各層ともアーケードを支えるのはピアであるが、第二層と第三層のアーケードは大理石の円柱で細分される。これらの古代的な円柱と大理石は、イタリアから運ばれたものである。また、ローマのサン・

開口部には壁の厚さがそのまま表れており、壁のヴォリュームは明白である：ヴィニョリの聖堂（フランス　1005年頃）

開口部をくり抜いただけの単純な壁面からロマネスク建築の分節がはじまる：リュイの聖堂（フランス　11世紀）

ピエトロにならって建てられたといわれるフルダの修道院教会堂（当時の身廊は現存せず）では、アーケードの支柱はすべて円柱であった。

壁面分節のはじまり

円柱の一時的な復活はあったものの、また局地的な継続使用はあるものの、外敵によってヨーロッパが再び疲弊した一〇世紀頃に、円柱からピアへの転換はほぼ完了したとみられる。転換といえば聞こえはよいが、その結果できた壁とは、要するに、ローマ建築からオーダーと化粧材を剝ぎ取った後に残る裸の壁にすぎない（一〇五頁リュイの聖堂参照）。古典建築の概念からすれば、美学をもたない単なる構造物への逆戻りである。

しかし、この原初的な組積造の壁が、中世建築の真の出発点となった。教会堂に必要な最小限の要素、すなわち大アーケードとクリヤストリーを穿っただけの無装飾の平滑な壁、ここから中世建築の造形は始まる。

ローマ建築は、このような壁に、オーダーやエディキュラや大理石の

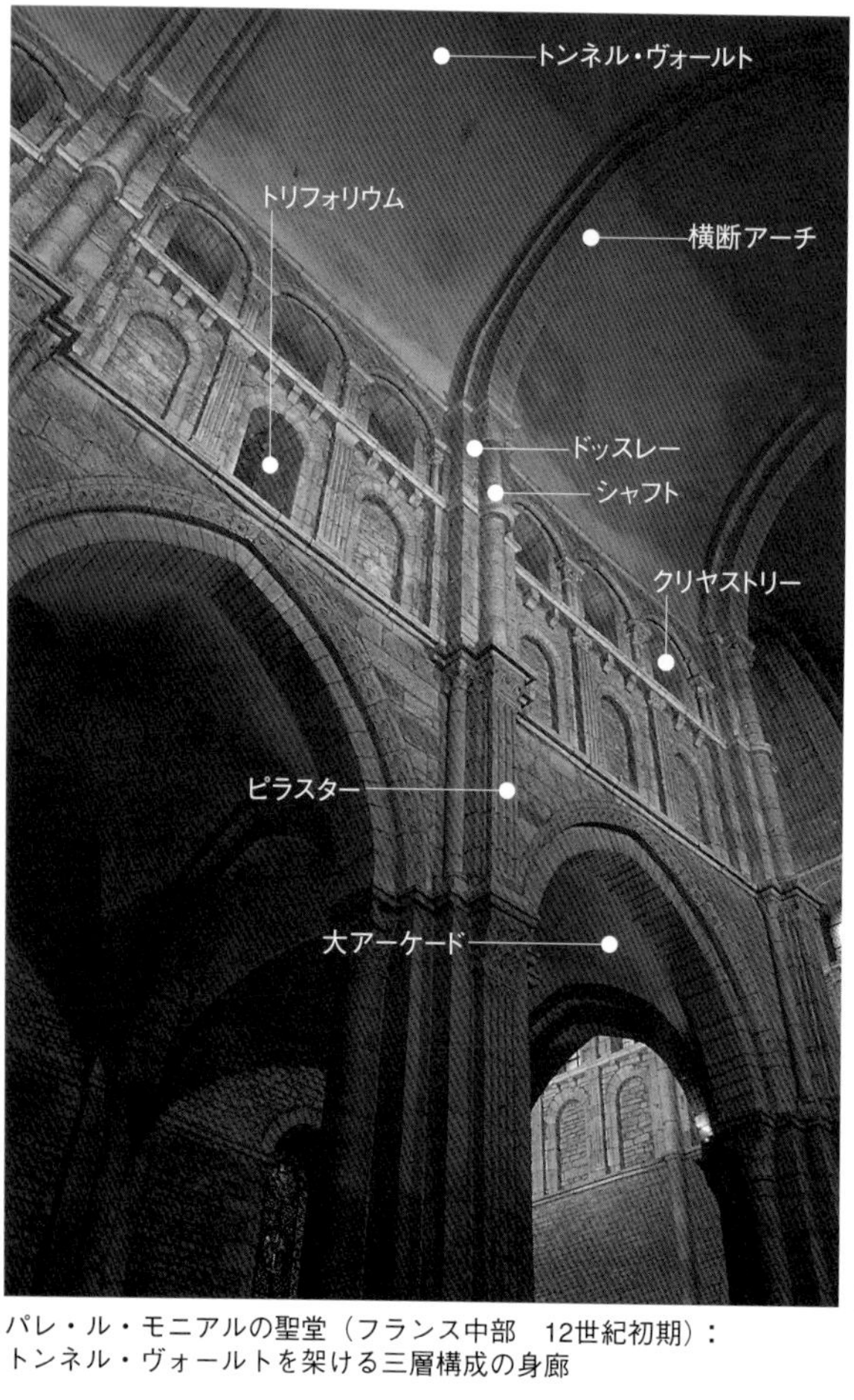

パレ・ル・モニアルの聖堂（フランス中部　12世紀初期）：トンネル・ヴォールトを架ける三層構成の身廊

ヴェローナのサン・ツェーノ聖堂（北イタリア　1125～）：大アーケードに円柱を用いた二層構成の単純な身廊壁面。天井は木造

化粧板など、いわば外装を貼り付けることによって造形したが、中世建築は、壁そのものを彫塑的に扱う方向に進んだ。つまり、壁を削り、くり抜き、盛り上げる。これが中世建築の造形の方法である。このような方法によって壁面に節付けをすることを、分節《ぶんせつ》という。

壁面分節の開始と、アーケード支柱の円柱からピアへの転換は、無関係ではないように思われる。なぜならば、この転換によって、身廊壁は床から天井までが連続した一体の壁となり、彫塑的に扱うことのできる素の状態になったと考えられるからである。

トゥールーズのサン・セルナン聖堂（フランス西南部　1080頃〜）：大アーケードとトリビューンの二層構成。トンネル・ヴォールトを架ける［撮影：西田雅嗣氏］

アルルのサン・トロフィーム聖堂（フランス南部　1150頃）：トンネル・ヴォールトを架ける単純な二層構成の身廊［撮影：西田雅嗣氏］

壁面分節の要素

ここで、身廊壁面を分節するさまざまな要素を整理しておきたい。この壁面分節の様態と、後述するヴォールトの形態との造形的統合が、各地に成立したさまざまのロマネスク様式の諸特徴となるからである。壁面分節要素は、大きく分けると、①壁面開口要素、および、②壁面と開口要素を分割し縁取る線的な要素、に分けられる。順に説明しよう。

アーケードとクリヤストリーも開口要素であるが、これに新たな要素が加わる。アーケードとクリヤストリーの間の壁は、片流れ屋根を架けた側廊の屋根裏に対応する。ロマネスクの時代になると、この部分に、トリフォリウムとよばれる小アーチ列を付けるものが現れる。ゴシックの時代には、トリフォリウムはアーケードとなって背後を壁内通路とするが、ロマネスクの時代には、盲アーチか単純な開口のままである。

　側廊を二階建てとしたときの階上廊を、トリビューンという。ロマネスクでは、トリフォリウムよりもむしろトリビューンの発達が、壁面構成に大きな変化をもたらした。トリビューンは、側廊と同じように身廊に面してアーケードの開口をもち、それらの開口部は、多くの場合側廊よりも小さく分割されることが多い。トリビューンの上方にトリフォリウムがある場合は、身廊立面は四層構成となるが、ロマネスクでは、そのような構成はめったにみられない（初期ゴシックに多くみられる）。また、クリヤストリーをもたず、大アーケードとトリビューンだけからなる一群の教会堂が、西南フランスを中心に建てられた。なお、トリビューンの儀式上の用途は不明である。

　壁面をピアの位置で縦に分割する要素として、ピラスターとシャフトがある。ピラスターは、片蓋柱《かたふたばしら》と訳される平たい長方形断面の部材で、柱頭と柱礎をもつが（もたない場合はドッスレーという）、古典建築のピラスターと異なり、著しく細長い。シャフトは、半円形または半円形に近い断面の細長い部材で、通常、柱頭と柱礎をもち、ドッスレーを背後にともなうことも多い。開口要素が彫塑的に壁をくり抜く要素だとすると、これらは壁を盛り上げる要素である。

　分節の一つの方法として、開口要素のアーチを、輪郭に沿って段状に窪ませることがしばしばおこなわれる。このとき、凸形に突出したアーチを受けるために、半円形の柱が壁に付けられるが、これをリスポンド（受け柱）という。トリビューンやトリフォリウムは、リスポンドと対をなす小円柱、およびそれらが支える小アーチで細分されることも多い。

クレルモン・フェランのノートル・ダム・デュ・ポール聖堂（フランス中部　1110年頃）：トリビューンを挿入した二層構成の身廊壁面。大アーケードのアーチを受けるためにリスポンドが付けられる。天井はトンネル・ヴォールト

分節が進むと、壁をくり抜いたり、窪ませたりしたときにできる直角のエッジが、丸みをもった線的な要素で縁取られるようになる。すなわち、アーチのエッジには刳形《くりかた》が施され、壁のエッジには、その刳形を受けるための二次的なシャフトやリスポンドが付くようになる。

こうしてピアは、ピラスターやシャフト、リスポンドなどと合わさって、複雑な断面を形成することになる。

ヴォールトと壁面分節

初期キリスト教の教会堂は、天井を木造の露出小屋組とするのが普通であったが、ロマネスクでは、壁面分節と並行して、石造天井を架ける試みが熱心におこなわれた。この試みにより、外界から隔離された「囲い」の感覚は、より完全なものとなっていった。なお、石造天井を雨から保護するために、天井の上にさらに木造の傾斜屋根が架けられる（屋根面は鉛板で葺かれる）。

もっとも単純でよくおこなわれた石造天井は、半円筒形のトンネル・ヴォールトで、とくにフランス中部、南部からスペインにかけて多くみられる。また、半円

ヌヴェールのサンテチェンヌ聖堂（フランス中部 1063～）：トリビューンの挿入、大アーケードのアーチの二重化とリスポンドの使用、トンネル・ヴォールトの横断アーチを受けるシャフトの付加によって身廊壁面が分節される

筒形を交差させてできる形状のヴォールトも用いられた。このヴォールトを交差ヴォールトという。

シュパイヤー大聖堂（ドイツのライン河流域　11世紀末）：二層構成の身廊壁面。交差ヴォールトを受けるシャフトとドッスレーにより分節される

ミラノのサンタンブロジオ聖堂（北イタリア　11世紀末〜）：トリビューンをもつ二層構成の身廊壁面。交差リブヴォールトとそれを受けるシャフトの束によって分節される

マリア・ラーハ修道院聖堂（ドイツのライン河流域　11世紀末〜）：二層構成の単純な身廊壁面。交差ヴォールトの横断アーチを受けるシャフトとドッスレーにより分節される

ただし、中世では、交差稜線を楕円形につくることができず、半円形としたため、中央が盛り上がる形状となった。さらに、一二世紀初期に、交差ヴォールトの稜線に（一種の分節要素である）リブを付けた交差リブヴォールトが現れた。これら交差系のヴォールトは、ドイツのライン河流域から北イタリアの一部にかけてよくみられる。

トンネル・ヴォールトも交差系のヴォールトも、天井を横断するアーチによって補強されるのが普通である。この横断アーチを受けるために、ピラスターまたはシャフトが壁面に付けられる。したがって、これらの教会堂については、ヴォールト架構が壁面分節を促進した、とみることもできよう。しかし、この因果関係を全体にあてはめることはできない。ヴォールト架構と壁面分節に関する次のような事実が、それを物語っている。

南のトンネル・ヴォールト地帯と北の交差系ヴォールト地帯にはさまれたフランス北部とイングランドは、ヴォールト架構に消極的で、長い間、木造天井に固執した。

しかし、ロマネスクの時代に壁面分節をもっとも発達させ、ゴシック建築の発生に大きな影響を与えたのは、この地域の西半分、すなわちノルマンディーとアングロ・ノルマンである。この地方には、先述のような分節要素がすべてみられる。そして、壁面分節がほぼ完了した後の一二世紀初期になってから、交差リブヴォールトが導入された。交差リブヴォールトは、すでにシャフトによって分節されていた壁面に、よく適合した。

イーリ大聖堂（1083～）：イギリスの代表的なロマネスクの聖堂。ノルマンディー地方とともに進度の高い壁面分節を示す。天井は木造

カーンのサンテチェンヌ聖堂（1064頃～）：フランスのノルマンディー地方の代表的なロマネスクの聖堂。トリビューンをもつ三層構成の身廊壁面。大アーケードとトリビューンのアーチの二重化、リスポンドの使用、クリヤストリー前面の壁内通路の挿入、横断アーチを受けるシャフトとドッスレーの付加など、進度の高い壁面分節を示す。当初は木造天井。リブヴォールトは後の付加

ビュリーの聖堂（12世紀初期）：イール・ド・フランスのゴシック直前の教会堂。単純な二層構成の身廊壁面。交差リブヴォールトとこれを受ける複数のシャフトとリスポンドによる壁面分節が特徴

ここで、他地域の壁面分節の程度をごく大まかにランクづけするならば、トンネル・ヴォールト地帯は中程度の発達、交差系ヴォールト地帯のうちライン河流域はやや未発達、北イタリアの一部はトンネル・ヴォールト地帯と同程度、というところであろうか。ライン河流域がやや未発達なのは、カロリング朝建築の影響が強く残ったためと思われる。

なお、円柱を温存した中部イタリアは、中世を通じてヴォールト架構には熱心でなく、壁面分節にも消極的であった。

ただし、ピサ大聖堂は、この地方では珍しい三層構成の身廊立面をもち、色大理石を用いて明るく華麗な雰囲気をつくりだしている。しかし、大アーケード全体とトリビューンの一部には古代的な円柱が使用され、上部の壁面は起伏を抑えて平滑なままである。一五世紀になって、この地域からルネサンス建築が始まったのは、決して偶然ではない。

ピサ大聖堂（1063〜）

いっぽう、木造天井地帯の東半分、すなわちノルマンディーの東側に隣接する地方はどうであったか。イール・ド・フランスと呼ばれるこの地方は、壁面分節もまた未発達であった。要するに、一一世紀当時、この地方は様式的にもっとも遅れていた。ところが一二世紀に入ると、にわかに創造力を発揮しはじめる。そして、一二世紀中頃にゴシック建築を誕生させ、以後一世紀の間、様式革新の中心となったのである。どのようにしてであろうか。それは、後述することにしたい。

修道院の役割

ロマネスク建築創造の推進力となったのは、修道院である。

修道院は、清貧と貞潔と服従の誓いをたてた修道士が、集団生活を営み、労働と聖務に励みながらキリスト教的人格の完成をめざす場所である。古代世界没落後の暗黒のなかで、古典文化の遺産をただひとり継承し、学芸を維持しつづけた。

自給自足の共同体として、荒地や森林を開墾し、農業技術の改良と普及に尽力した。農場を経営するとともに、生活に必要なさまざまの物資を生産し、余剰物を社会に供給した。巡礼に宿舎を提供し、病者を収容して治療と食事を与え、貧者には寝所を施した（事実、病院の起源は中世の修

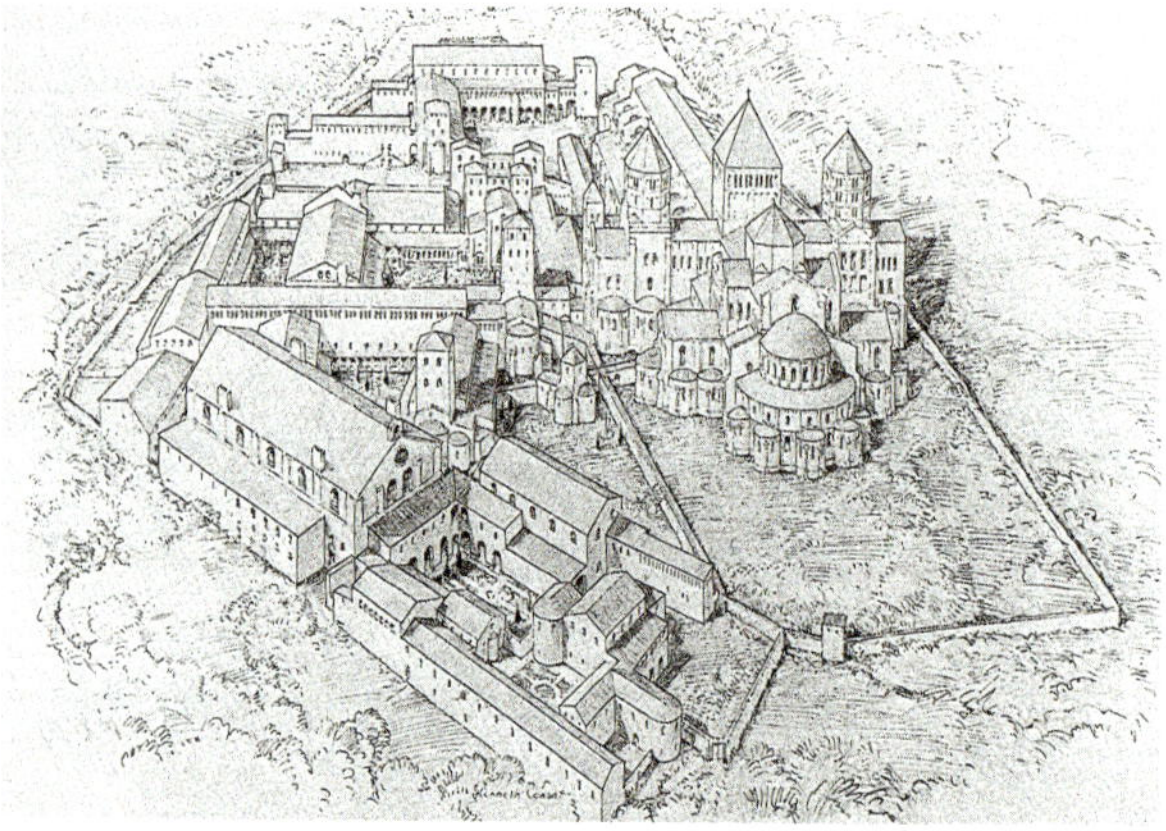
コナンによるクリュニー修道院（フランス）の全体復元図

道院にある)。

修道士は、自らが農民や職人、技術者や医者、あるいは教師などのエキスパートとなって働き、共同体を維持したのである。教会堂をはじめとする諸施設を設計し、工事を監督したのも修道士たちである。学問や文芸に励む者も多かった。実際、修道院は、今日も残るあらゆる種類のラテン文学を保持していたといわれる。修道士たちはそれを書き写し、後世に伝えた。ヴィトルヴィウスの『建築書』が中世を生き延び、ルネサンスの時代まで伝えられたのも修道院のおかげである。

修道院は、中世におけるもっとも先進的な生産組織であり、かつ学問と芸術の中心であった。こうした修道院が、都市だけでなく、むしろ世俗を離れた原野や山地に、そして辺境の地にまで建てられた。一〇世紀頃のヨーロッパには、かなりの規模の修道院が、すでに一二〇〇は存在したといわれている。ヨーロッパ各地にみられる地方色豊かなロマネスク建築は、これら修道院の存在なしには考えられない。

フランズのフォントネー修道院（1139〜）：ロマネスク建築創造の推進力となったのは、ヨーロッパの隅々にまで根を下ろした修道院である

フォントネー修道院の回廊：回廊は修道士たちの集団的信仰生活の中心となった

column

ロマネスク建築のさまざまな外観

イタリアでは、シンプルな外観が多いが、ドイツやフランスでは、採光塔や鐘塔、階段塔を付けて、外観に変化を与えようとする傾向がみられる。

マリア・ラーハ修道院聖堂（ドイツ）の西正面

フォントネー修道院聖堂（フランス　1139〜）の西正面

クレルモン・フェランのノートル・ダム・デュ・ポール聖堂（フランス）の西正面

カーンのサン・ニコラ聖堂（フランス1060頃〜）の西正面

ヴェローナのサン・ツェーノ聖堂（イタリア）の西正面

シュパイヤー大聖堂（ドイツ）の南側外観

イソワールのサン・ポール聖堂（フランス 1130頃〜）の東側外観

ヒルデスハイムのザンクト・ミヒャエル聖堂（ドイツ）の南側外観

ピサ大聖堂の西側全景

ピサのサン・ピエロ・ア・グラード聖堂の東側アプス

ロマネスク建築の細部

マリア・ラーハ修道院聖堂。西側回廊入口の彫刻

パレ・ル・モニアルの聖堂（フランス）。西正面扉口の彫刻

マインツ大聖堂（ドイツ　12世紀後半）。扉口の彫刻

ミラノのサンタンブロジオ聖堂。前庭回廊アーケードの柱頭

クレルモン・フェランのノートル・ダム・デュ・ポール聖堂。南側外壁の柱頭

パレ・ル・モニアルの聖堂。ナルテクス（玄関の間）の支柱の柱頭

リヴォルタ・ダッダの聖堂（イタリア　1100頃）。西正面ポーティコの彫刻

フォントネー修道院聖堂。回廊のアーチを受けるリスポンド

ヴィニョリの聖堂。身廊トリビューンの小円柱

3 ゴシック建築

修道院から大聖堂へ

修道院の多大の努力により農業技術の改良が進んだ結果、余剰の食糧と人口が生じた。余剰食糧は商業を活性化し、余剰人口は都市に流入する。こうして、都市は、商人や職人やさまざまの労働者を吸収して、急成長をとげることになる。

サン・ドニ修道院聖堂（フランス　1140〜）の西正面：内陣は最初のゴシック建築となった

いっぽう、パリを中心とする半径一〇〇〜一五〇㎞ほどの地域、すなわちイール・ド・フランスを固有の領土とするフランス王家は、それまで内外の封建勢力に阻まれ、実力を発揮できないでいた。

ところが、一二世紀に入ると急速に力を伸ばし、やがてフランス全土に王権を拡張することになる。勃興しつつあった王領内外の諸都市を保護下におきが、貨幣経済を掌握したことが、それを可能にした要因であるといわれている。パリは、人口一〇万を擁するアルプス以北で最大の都市に成長し、フランスはヨーロッパでもっとも強力な国家となった。

このような歴史的状況のなか、都市の中心にありながら、今まで控えめな規模でしかなかった大聖堂を建て替える工事が、イール・ド・フランスのあちこちでみられるようになった。新しく姿を現しはじめたそれら大聖堂は、どの地方のロマネスク建築にもみられない革新的な表現をもっていた。当時の人々が「フランス式」と呼んだこの様式を、われわれは「ゴシック」と呼ぶ。

中世文化の発展に大きな役割を果たした修道院は、いうまでもなく高名な聖職者を輩出したが、そのなかの一人、サン・ドニ修道院長のシュジェールは、建築史上とくに重要である。

パリの近郊に位置するサン・ドニ修道院は、フランス王家の庇護を受ける由緒正しい修道院であった。シュジェールは、のちの国王ルイ六世の学友としてこの修道院で学び、その後ルイ七世の名摂政としてフランスの国政にかかわった誉れ高き人物である。そのシュジェールのヴィジヨンによって再建されたサン・ドニの内陣（一一四四年献堂）が、最初のゴシック建築である。

サン・ドニ修道院は、ロマネスク建築の集大成として新様式、すなわちゴシックを誕生させ、それを来るべき時代の主役、大聖堂に手渡した、といえるかもしれない。

シャルトル大聖堂（フランス　1194〜）：身廊

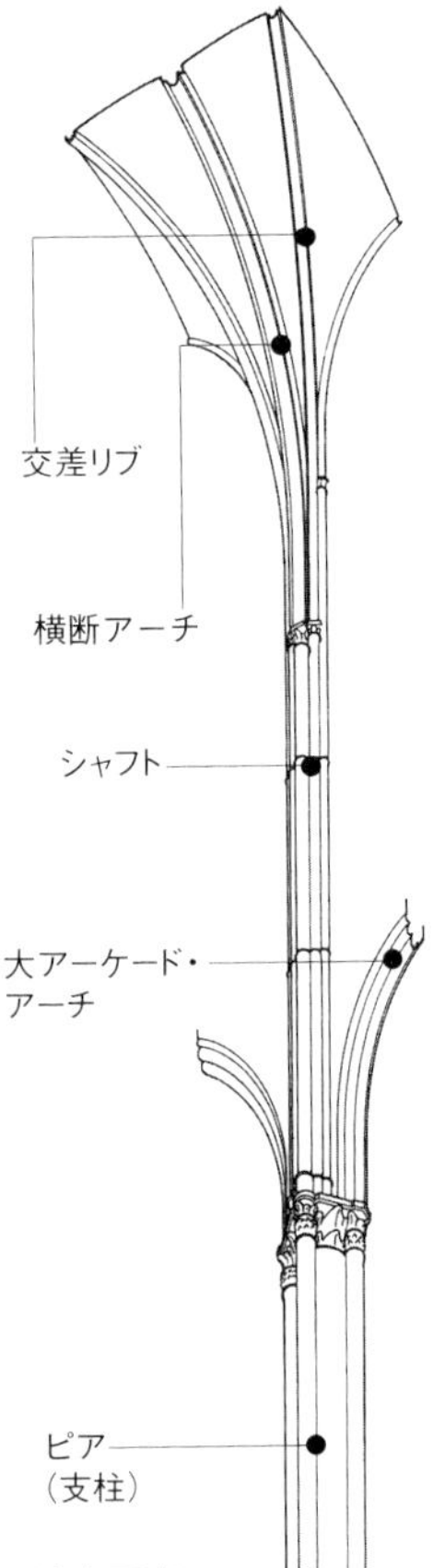

線条要素の集合体

ゴシック建築の革新

ロマネスク建築には見られなかった革新的な表現とは何か。交差リブヴォールト、尖頭アーチ、フライング・バットレス（後述）と記す概説書があるとすれば、その本は教科書的ではあるが、いささか時代後れというべきであろう。これらの要素は、たしかにゴシック建築の外見的特徴かもしれないが、革新の本質ではない。

前節で、ロマネスク建築の壁を彫塑的に分節された壁として説明したことを、読者は覚えているだろうか。ゴシック建築の壁も、その延長線上にある。ただし、分節の方法が基本的に異なるのである。

革新の本質は、壁のあらゆる部分が、シャフトや小円柱や刳形などの丸くて細長い棒状の要素（線条《せんじょう》要《よう》素という）によって分割され、あるいは縁取られている点にある。もっとも完成されたゴシック建築とみなされるシャルトル（一一九四年～）、ランス（一二一一年～）、アミアン（一二二〇年～）の大聖堂を例に挙げて、さらに詳しく考察してみよう。

これらの教会堂の身廊壁には、壁をくり抜き、窪ませ、盛り上げたときにできる直角のエッジをみることができない。そのようなエッジは、線条要素によって隠され、また排除されているからである。なぜか。壁のもつ重量感を消し去るためである。エッジは、その背後に連なる壁の体積を、したがって重量を暗示させるがゆえに、ゴシック建築では徹底的に排除される。

ゴシック建築では、重量感をなくすために、あらゆる方法がとられた。エッジの排除はその一つである。実際に壁を薄くし、開口部を拡大して、壁の体積を減じることに力を注いだのはもちろんであるが、そのような物理的な手段以上に重要なのが、線条要素による縁取りと分割である。物理的な手段を構造体の骨格づくりとするならば、後者は構造体表面の肉付けといえよう。

ロマネスク建築では、くり抜かれた開口部に、壁の厚さが率直に現れていたが、ゴシック建築では、壁の厚さもまた、線条要素によってたくみに隠される。その結果、われわれの眼は、開口部を縁取り、分割する線条要素の太さを、壁の厚さとしてとらえることになる。

たとえば、トリフォリウムの小アーチの刳形を、またそれを支える小円柱とリスポンドを、そして、クリヤストリーを分割するトレーサリーを、壁の厚さを示すものとしてみる。大アーケードのアーチの刳形とそれを支えるシャフトもまた、壁の厚さを代表するものとして受けとめる。

こうして、ゴシックの身廊壁は、線条要素によって編まれた格子状の壁と化してしまっている。ここには、壁にあけられた窓という概念はもは

アミアン大聖堂身廊：東側の内陣を見る

アミアン大聖堂（フランス　1220～）身廊見上げ

ゴシックの身廊壁は、線条要素によって編まれた格子状の壁と化している。見かけ上線条要素の厚みしかもたない格子状の壁は、もはや重量を感じさせない。ランス大聖堂身廊見上げ

ランス大聖堂身廊のリブヴォールト見上げ

ランス大聖堂（フランス　1211～）
身廊：西側を見る

やない。あるのは、ステンドグラスの光の領域、そしてトリフォリウムや側廊の暗い領域の前面に浮いている、格子状の壁である。別の言い方をすると、光と暗がりの空間層に裏打ちされた格子壁である。格子のもつ透け通し性が、裏打ちする空間層を把握させるのである。

無重量性

見かけ上、線条要素の厚みしかもたない格子状の壁は、もはや重量を感じさせないであろう。しかし、ゴシック建築は、無重量性を完璧なものにするために、さらに次のような視覚的方法をとる。

それは、壁面を上昇するシャフトの束と、その終端から分岐するリブに関係している。これらのシャフトとリブは、線条要素の集合体（一一九頁の図参照）を形成しており、格子をつくる線条要素のうちでもっとも目立つ要素である。この集合体が重要なのは、真の構造を背後に隠し、構造の支持機能を、壁の表面で「仮想的」に表現している点にある。

　これらの線条要素は、重量を支えるには細すぎる外見しかもたないにもかかわらず、荷重の支持機能を表明する。そのため、これらの線条要素に見かけ上支えられている建物が感じさせるのは、線条要素の細さに見合った軽さ（重量のなさ）ということになる。

　こうして、視線がシャフトの垂直線をたどって上方に導かれるとき、重力から解放されて浮遊するような上昇感を覚えるのである。一般的にいわれるゴシックの垂直性とは、本質的にはこのような無重量性に深く関係しているのである。

　線条要素はその視覚効果により、壁の偽りの薄さを、また偽りの支持機能を演出しているといってよいであろう。ゴシックの壁の無重量性は、線条要素のこのようなイリュージョン（幻覚）の作用によって生まれているのである。

ゴシックの空間

中世のステンドグラスを多く残すシャルトル大聖堂では、堂内を満たす神秘的な光を体験することができる。

　当時のステンドグラスは透明度が低いために、透過する光は深く鮮やかな色彩を帯びる。そして、それゆえに光は、窓の外からガラスを透過してやってくるのではなく、ステンドグラスそのものから発せられてい

ブールジュ大聖堂（フランス　1194～）身廊

ケルン大聖堂（ドイツ　1248～）身廊：アミアン大聖堂を模範とするフランス直輸入の様式で建てられた

るように見える。

このとき、ステンドグラスの厚さは数ミリメートルしかないにもかかわらず、その輝く面の背後という観念は消失し、窓の外に広がる現実の世界は意識の上からは払拭されている。しかも、窓はそもそも外界とのつながりを予想させるものなのに、ゴシックの格子壁においては窓の概念自体が解体しているため、外界との断絶は決定的である。

こうして、堂内は外界から切り離された別の次元にあるという感覚が支配的となり、それとともに、ステンドグラスの放つ光は自然界に属さない非自然の光であるという感覚が生まれることになる。自ら光る壁が天候の変化により、その輝きを刻々と変動させるさまは、言葉では言い表せないほどに神秘的である。

あらゆるものを地上におしとどめようとする重力からの解放、この世のものではない神秘の光、そして外界からの断絶。これらの現象が共働して、教会堂の内部を超自然的な空間にしている。この地上的経験を超えた空間によって、ゴシックの教会堂は「神の国」の存在を示しているのである。

構造の仕組み

ゴシックの格子壁は、その見かけ上の薄さに注目するならば、膜のような状態にまで到達している。ロマネスク建築は、壁の厚さによって堂内を隔離したが、ゴシック建築はその薄さ（正確にいえば、薄壁とそれを裏打ちする空間層）によって隔離した、といってよいであろう。この薄さは、すでに述べたように線条要素のイリュージョンの効果によるところが大きいのであるが、物理的に壁を薄くし、開口部を拡大することに大きな努力が払われたのも事実である。

ローマ建築のところでも説明したように、上方に湾曲するヴォールト天井は、常に横に広がろうとする力（推力）を作用させる。この力を支えることが、石造建築の最大の技術的課題である。ローマ建築とロマネスク建築は、壁を厚くすることによってこの課題に対処した。

当然のことだが、このような場合、

クレルモン・フェラン大聖堂
（フランス　1250頃～）

ルーアンのサントゥアン聖堂
（フランス　1318～）

大きな窓をあけることはできない。壁体の有効断面を減らすことになるからである。また、推力は壁を横に倒そうとする力であるから、壁を高くすることも大きな危険をともなう。しかしゴシック建築は、壁を薄くし、窓を広げ、天井を高くする方向をめざした。しかも教会堂の身廊壁は、下部をアーケードとして開口するため、かなり不利な条件下にある。この技術的な難題の克服なしに、シャルトル大聖堂もランス大聖堂も、そしてアミアン大聖堂も実現しなかったであろう。

　ゴシックの建築家は、フライング・バットレス（飛《と》び梁《ばり》）と呼ばれる構造の発明によって、この難題をみごと解決した。ヴォールトの推力が作用する身廊壁の外側に、アーチを斜めに架け渡して、推力を最外部の控え壁（側廊外壁から直角に突出した壁状の支柱）に伝達する方法である。

　この卓抜なアイデアにより、身廊壁は荷重支持機能から解放された。こうして、薄くて高い、しかも大きな開口部のある身廊壁が可能となったのである。膜のような薄壁を実現

シャルトル大聖堂南側
トランセプトのバラ窓

シャルトル大聖堂北側
トランセプトのバラ窓

フライング・バットレスは、膜のような身廊壁面を実現するための構造装置が外部に露出したものである。シャルトル大聖堂

ブールジュ大聖堂のフライング・バットレス

するために、ゴシック建築は、壁で支える方式を捨て去り、骨組みで支える方式を手に入れたといってよい。

教会堂の外周部には、ピナクルと呼ばれる小尖塔をいただいた控え壁が、フライング・バットレスを受けるために林立することになる。あたかも針葉樹の森のような外観であるが、これは、内部空間を実現するために、構造の仕組みをすべて建物の外部に露出させた結果なのである。

後期の展開

ゴシック建築は、一三世紀の初期に様式上の頂点に到達した後、イール・ド・フランスからフランス各地に、さらにはヨーロッパ全土に広まり、その地の伝統と結びついて多様な展開をとげた。とくに一四世紀以降、百年戦争と黒死病によって活力を低下させたフランスに代わり、様式創造のイニシアチヴをとったのは、イギリスとドイツである。

線条要素はそれまで、建物の力学機能を、仮想的ではあるが論理的に表現していた。つまり、リブもシャ

ピナクルをいただく控え壁が針葉樹の森のような外観をつくる：アミアン大聖堂内陣側外観

フトも、実際には荷重をほとんど支持しないのだが、（眼を欺くために）力の流れの正しい道筋とみえる位置にだけ付けられ、荷重の支持機能を主張していた。

しだいにこの原則からの逸脱が始まる。線条要素は、力学論理の表現から離れて装飾化し、壁面とヴォールト面に自由に広がり、繁茂するよ

パリのノートル・ダム大聖堂（1163〜）のフライング・バットレス

ゴシック建築の構造

【身廊内部立面図】

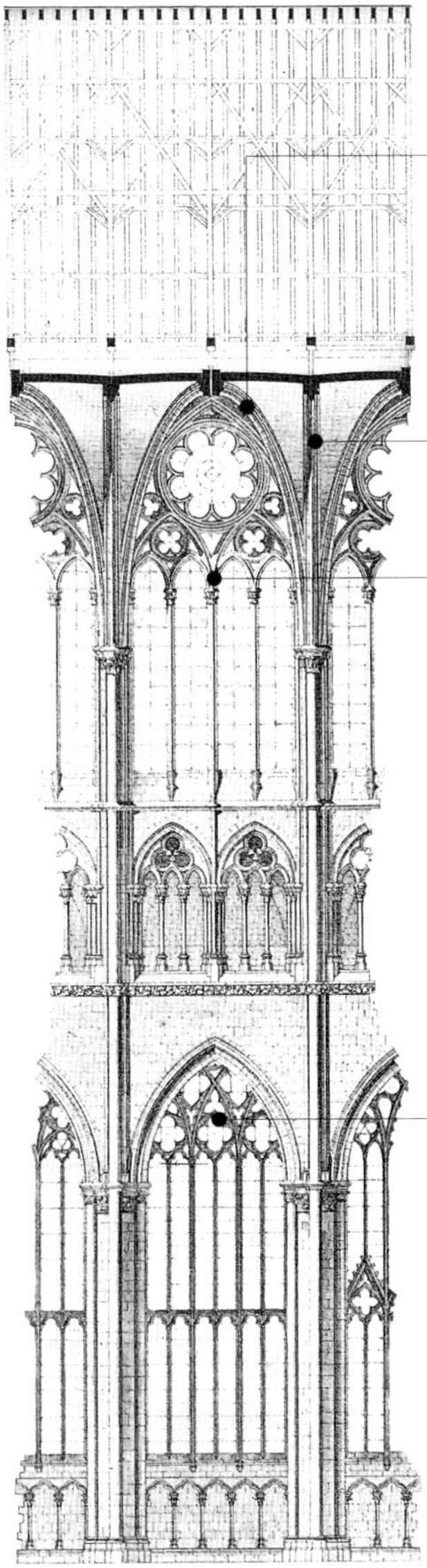

【身廊断面図】

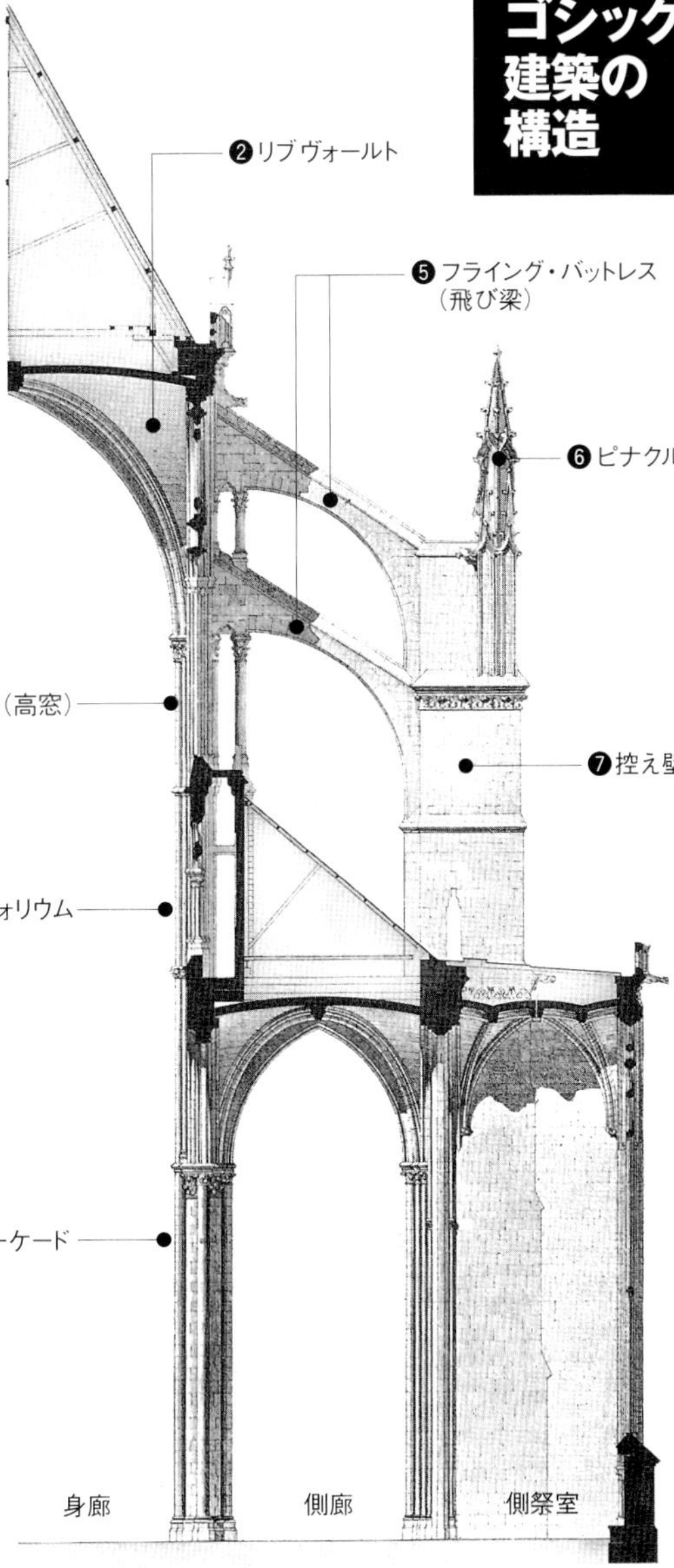

❶ヴォールトの交差稜線部分につけられたリブ
❷ヴォールトとはアーチの原理を用いてつくられた石造やレンガ造の屋根・天井のことをいう。内輪に突出した棒状の部材（リブ）をもつものをリブヴォールトという
❸身廊や側廊を横断して架け渡され柱間を区画するアーチ
❹窓面を細分割する装飾的な部材
❺ヴォールトによって生じた水平力を支えるために、控え壁から外壁に斜めに架け渡されたアーチ
❻控え壁や塔の四隅などの頂部に設けられた小尖塔
❼壁体から直角に突出してつくられた補強用の短い壁体
❽身廊の最上層部にとられた窓
❾アーチを頂く連続した支柱列の開口部のことをアーケードといい、身廊と側廊を分かつものをとくに大アーケードという
❿大アーケードと高窓のあいだに開けられた小さなアーチ列（小アーケード）で、通常背後が狭い通路となる

イギリス後期ゴシックの代表作オックスフォード大聖堂の内陣：1500年頃にロマネスク様式の身廊を改築して、ファン・ヴォールトと呼ばれる扇状の装飾的なヴォールトを架けた。ゴシック建築後期の発展を担ったのはイギリスとドイツである。とくにイギリスは、複雑なパターンをもつリブヴォールトを発達させた

うになる。

　イギリスは、早い時期からリブの数を増やし、後期には複雑なパターンをもつリブヴォールトを発達させた。トレーサリーには、オジー・アーチと呼ばれる玉ねぎ形のアーチが現れ、それが華麗で流動的な曲線（装飾式という）に発展する。反転曲線を用いるオジー・アーチは、イギリスにかぎらず後期ゴシックの特徴的な形態で、フランスではとくにS字形を組み合わせた火炎状のパターン（フランボワイヤン式という）が流行した。

　その一方で、リブとシャフトは、結節点をなくして融合し、また、刳形とも外見上の区別をなくして同化してしまう。こうして、線条要素は、特定の機能を示すことなく増殖し、

エクセター大聖堂外陣（1280～）：イギリスは早い時期からリブの数を増やし、さまざまのリブヴォールトを発展させた

グロスター大聖堂内陣（イギリス　1337～）：垂直式の代表作。トレーサリーはクリヤストリーからあふれ出て壁面全体を覆うようになる

ケンブリッジのキングズ・カレッジ・チャペル（イギリス　1446～）：堂内はトレーサリーとファン・ヴォールトの線条要素によって覆いつくされる

イーリ大聖堂マリア祭室（イギリス　14世紀）のネット・ヴォールト

分岐する。その過程で、独立していた線条要素どうしが、溝を介して波形に連続するとともに、線条要素の断面も丸棒形から洋梨形に変形してしまう。

ドイツでは、リブヴォールトとトレーサリーの複雑化よりも、以上のような変化が先に顕著に現れた。後期には、それらの効果がとくにホール式教会堂で存分に発揮された。線条要素は、背の高い支柱の頂部から複雑なパターンをもって漏斗《ろうと》のように広がり、身廊と側廊の天井を一体的に覆う。

トレーサリーは、複雑化しただけ

ディンケルスビュールのザンクト・ゲオルク聖堂（ドイツ　15世紀末）［撮影：太記祐一氏］

グロスター大聖堂回廊（14世紀）のファン・ヴォールト

オックスフォードのディヴィニティ・スクール（15世紀）

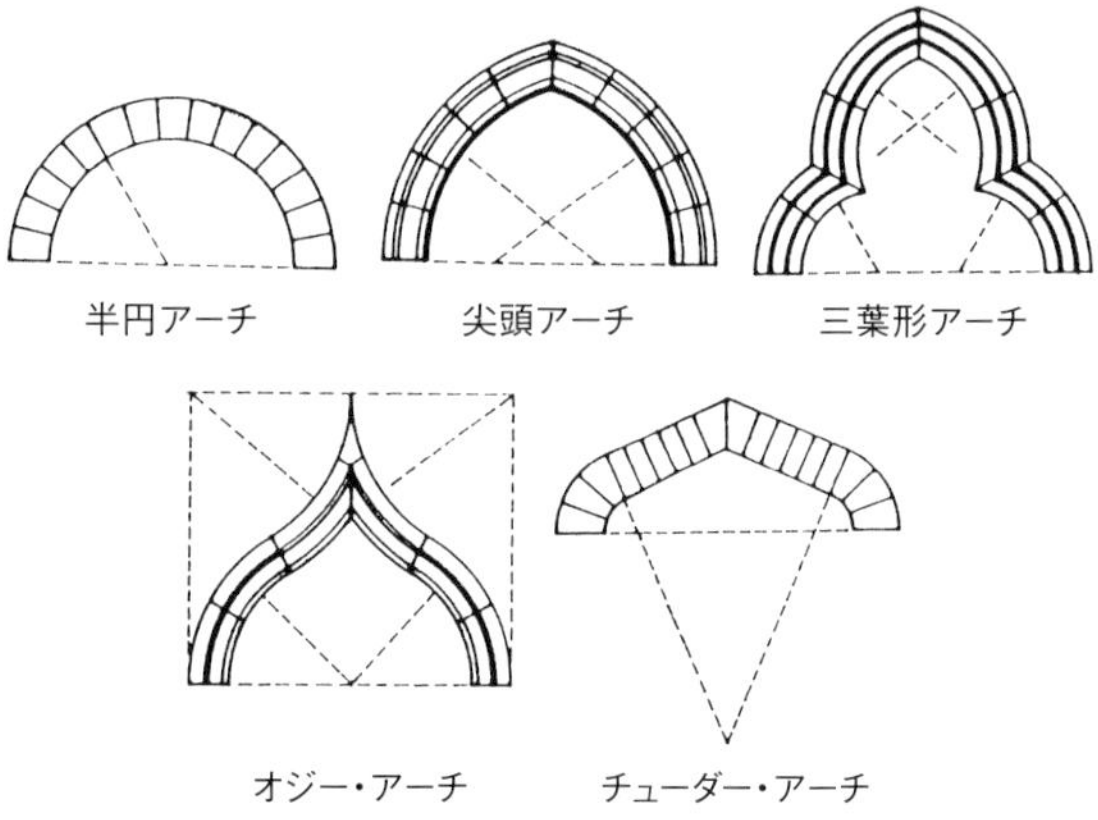

アーチの種類

でなく、クリヤストリーからあふれ出てシャフトを吸収し、壁面全体を覆うようになった。イギリスでは、トレーサリーは、最終的に垂直線を強調した縦長の格子状パターン（垂直式という）に収束し、リブのパターンもこれに同調してトレーサリー化してしまう。

こうして、ゴシックは、壁といわず天井といわず、全体を覆いつくす線条要素の、織物状の装飾パターンのなかに解体していった。

パリのサン・ジェルヴェ聖堂のスター・ヴォールト（16世紀末）：リブとシャフトが連続し一体化してしまっている

コブレンツのザンクト・カストア聖堂（ドイツ）：星形のパターンをもつスター・ヴォールト（15世紀末）を架ける

コブレンツのリープフラウエン・キルヒェ（ドイツ）：星形のパターンをもつスター・ヴォールト（15世紀末）を架ける

パリのサン・セヴラン聖堂内陣周歩廊（15世紀末）：ねじれた柱から発して広がるリブヴォールト

ゴシック建築のファサード

西正面に双塔（鐘塔）を立てるのはフランスとドイツの特徴。イギリスとイタリアは西正面に双塔を立てず、シンプルにまとめることが多い。

ミラノ大聖堂（1387〜）

ケルン大聖堂

フィレンツェ大聖堂（13世紀末〜）

ソールズベリー大聖堂（イギリス1220〜）

アミアン大聖堂

エクセター大聖堂（イギリス）

ストラスブール大聖堂（フランス
1227〜）

シャルトル大聖堂

パリのノートル・
ダム大聖堂

4 ゴシック・リヴァイヴァル

ロマン主義とゴシック・リヴァイヴァル

ゴシック建築は、一五世紀末をもってほぼ終息するが、完全に死に絶えたわけではなかった。とくに、一四～一五世紀に華麗な様式を展開させたイギリスは、一六世紀前半に渡来したルネサンス様式をとり入れながら、チューダー・アーチを特徴とする独特のゴシック（チューダー様式という）を生んでいる。

ルネサンスとこれ以降の古典主義の定着後も、ゴシックは途絶えることなく生き長らえ、一八世紀後半から一九世紀に、ロマン主義の潮流のなかで力強い復興を果たした。これをゴシック・リヴァイヴァル（イギリス以外ではネオ・ゴシックと呼ばれることが多い）という。

資本主義の進展と、それにともなう都市人口の急激な増加は、社会階層を水平に分断し、共同社会から個人のアイデンティティーを追放してしまった。ロマン主義の原動力は、このような人間疎外を生む現代という功利主義社会に対する反動であった。

ロマン主義は、「個」を無視し、否定し、拘束するあらゆるものを拒む。そして、「個」の領域に属するものの復権を主張する。すなわち、普遍性よりも個別性と多様性を、理性よりも感情を、客観よりも主観を、合理よりも非合理と神秘を、規律よりも自由を、形式よりも意味を、分析と実証よりも解釈と想像を、そして（功利主義の産物である）人工よりも自然を尊重する。また、現在から逃避し、過去や異国

ゴシック・リヴァイヴァルの代表作であるイギリスの国会議事堂（ウェストミンスター宮殿）

イギリス国会議事堂の壁面細部

にあこがれるのも、ロマン主義の特徴的な態度である。

建築においては、そのような時代精神が、アイデンティティーを抑圧する古典主義の厳格な「規範」や「形式」を拒否し、民族的起源をもつと考えられたゴシックの再興に向かわせたのである。

古典主義が依拠するオーダーという規範は、数的比例に基づき、整然とした統一的秩序をつくりだすものであって、ここには非対称や不規則性の入り込む余地はない。実際、ファサードの厳格な対称性は、古典系建築の顕著な特徴である。

とくに一八世紀後半に興った新古典主義は、考古学的正確さを追究したこともあり、冷厳な形式主義に陥りやすかった。ゴシック建築は、もともとそうした美的規範をもっていなかったので、古典主義が排除した非対称や不規則性を受容し、個人の好みによる、形式にとらわれない自由な形態を可能とした。それゆえに、周囲の自然によくなじんで、人々の想像力をかき立てる絵画的な情景をつくりだすことができた。ピクチャレスクと呼ばれるこのような表現の傾向が、ゴシックの本格的な再興に先立って現れた。

さらにゴシックには、古典主義にはない喚起力があった。ゴシックは、中世と結びつくことによって、権威や権利の正統性と連続性を暗黙のうちに了解させ、歴史的事件や逸話を想い起こさせる。そのいっぽうで、現代が失い、中世が所有していた古き良き制度、良き道徳、良き価値観、そして良き共同体を連想させる力をもっていた。

こうしてゴシックは、国民と国家の歴史、イギリスらしさにまつわるさまざまの意味を身にまとい、一九世紀にはイギリスの国民的・国家的様式となった。それに呼応して、考古学的研究も進み、中世ゴシックの正確な形態が用いられるようになった。ここにおいて、ゴシックは完全に再興された。

中世では教会堂が建築の主要課題であったが、この時代には建築の対象が拡大し、教会堂や城館だけでなく、邸館やヴィラ、大学、学校、裁

Q8
Q8
Fuel & Lubrication Service
Q8
THAMES REFUELLER

1834年の焼失後、愛国的で国民的なすべての意味を包含し、イギリス国会議事堂は再建された。テムズ河対岸から望む

判所など、さらには中産階級の小住宅までもがゴシックで建てられた。

イギリス国会議事堂（ウェストミンスター宮殿）

「ゴシック」という言葉は、ルネサンスの人々にとっては、ローマ帝国を打倒した野蛮な「ゴート人の」という意味（ゴシックの語源はここにある）であったが、一七世紀以前のイギリス人にとっては、建築用語であるよりも、まず、彼らの祖先が退廃したローマからヨーロッパを解放することによって獲得した、政治的自由を意味したという。だとするならば、マグナ・カルタ以来の政治的伝統をもつ立憲君主国イギリスの国会議事堂として、ゴシックほどふさわしい様式はほかに考えられないであろう。

一八三四年の焼失後、愛国的で国民的なすべての意味を包含して、イギリス国会議事堂（一八三六～六〇年代　チャールズ・バリーとオーガスタ・ピュージン）は再建された。全体を南北に貫く長い軸が、テムズ河の西岸に面して平行にとられる。軸の中心に中央ロビーがあって、その南側軸上にロイヤル・ギャラリーと上院議場が、北側軸上には下院議場が配置される。両院議長席が、長い軸線上で、公共の場である中央ロビーをはさみながら対峙する構成は、国民・国家における両院の憲法上の役割を象徴的に演出している。

外観は、テムズ河対岸からの眺めを重視して構成される。議事堂にふさわしい威厳を与えるため、河に面する長大なファサードを左右対称とし、その両端部を突出させて全体の安定をはかる。

この水平に広がるファサードの後方から、時計塔（ビッグ・ベン）、ヴィクトリア・タワー、そして中央部の塔とその他の小塔が、それぞれ独自のシルエットをもって立ち上がり、強い垂直のアクセントを加える。それらの塔の尖頂屋根や建物外周に付けられた無数の小尖塔は、地上から伸びる垂直線の先端をなし、空に向かう動きを視覚化する。

オックスフォード大学博物館（1855～60）内部

オックスフォード大学博物館外観

同左細部

オール・セインツ聖堂内部

その変化に富んだ繰り返しが、ある種の格調と、古典主義の建物にはない独特の華麗さを生み出している。垂直線を基調とする格子状の襞がつくる細かな陰影は、天候の変化を敏感に反映し、建物を大気のなかに溶けこませる。

近代へ

一八世紀に起こった産業革命が建築の存立する社会基盤と産業構造を確実に変え、機械と工業の時代が到来しつつあったにもかかわらず、この新しい時代にふさわしい建築の美学は、まだ現れなかった。実用を第一とする工場や倉庫、オフィスビルや駅舎が、工業の産物である鉄やガラスによって建てられはじめていたが、それらを設計したのは建築家ではなく、大学で工学を学んだエンジニアたちであった。

建築家は、それらを単なる工作物としかみなさず、過去から借りてきた様式という衣装を、公共建築や邸宅に着せる仕事に没頭していた。建築家は、歴史主義の閉塞状況に陥っていた。

近代建築を模索する動きは、実はゴシック・リヴァイヴァルのなかにすでに芽生えていた。ゴシック・リヴァイヴァルは、産業資本主義がもたらした不健全な社会を否定し、中世という理想化された時代のなかに、社会の進むべき方向を見いだそうとする時代精神から生まれたものであった。

そのような精神は、単に中世の建築様式の再興にとどまらず、様式を超えて「正しい原理」の追究に人を向かわせることにもなる。構造は正直に露出されるべきであり、材料は素直に表現されるべきであり、形態は機能に忠実であるべきである。これは近代建築の理念に直結するものであるが、当時は、中世のゴシック建築がそのような原理に基づくと考えられた。

新しい美学の出現は、建築家が過去の様式と決別し、機械と工業が動かす新しい時代に、正面から向き合うことができるか否かにかかっていた。

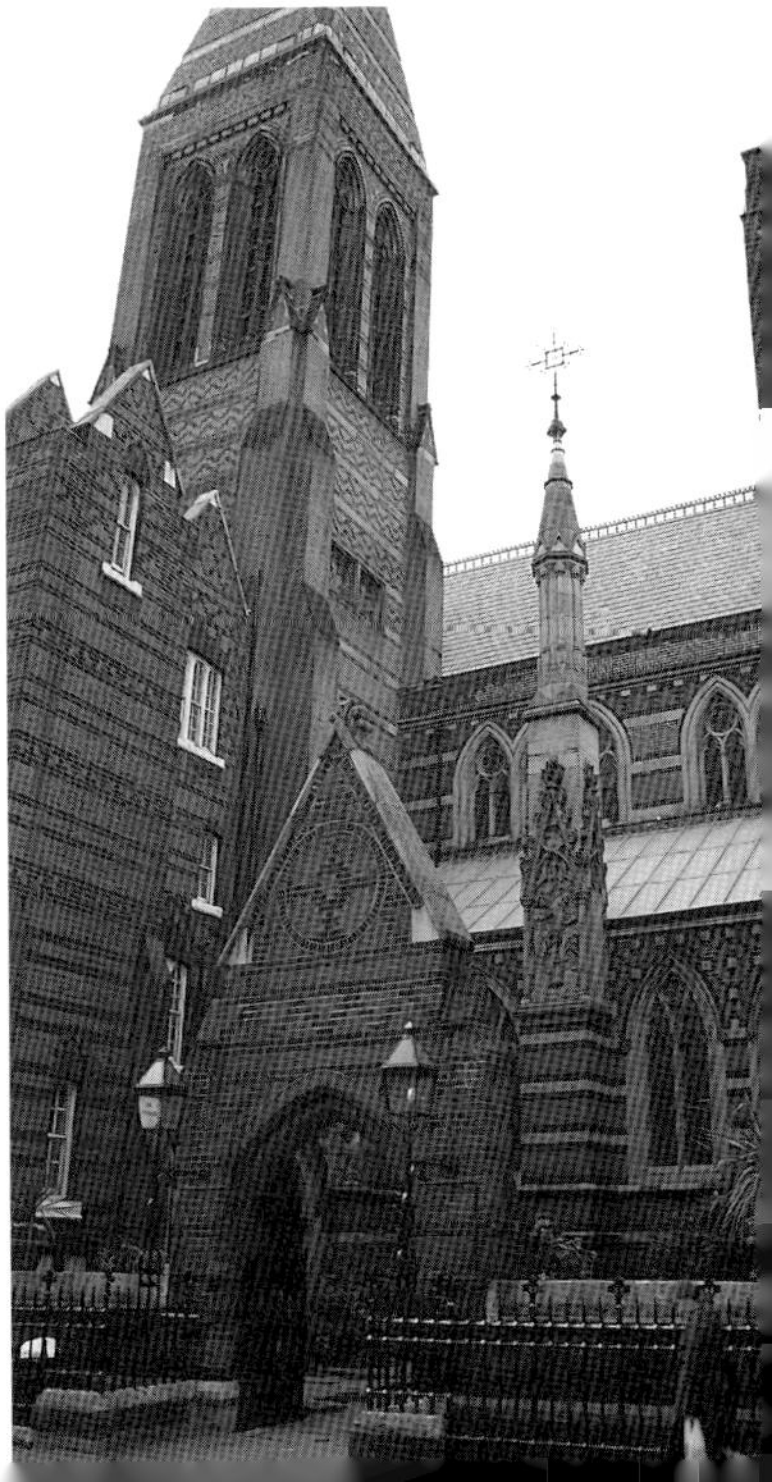
ロンドンのオール・セインツ聖堂（1850〜59）入り口付近外観

建物の大きさ比べ

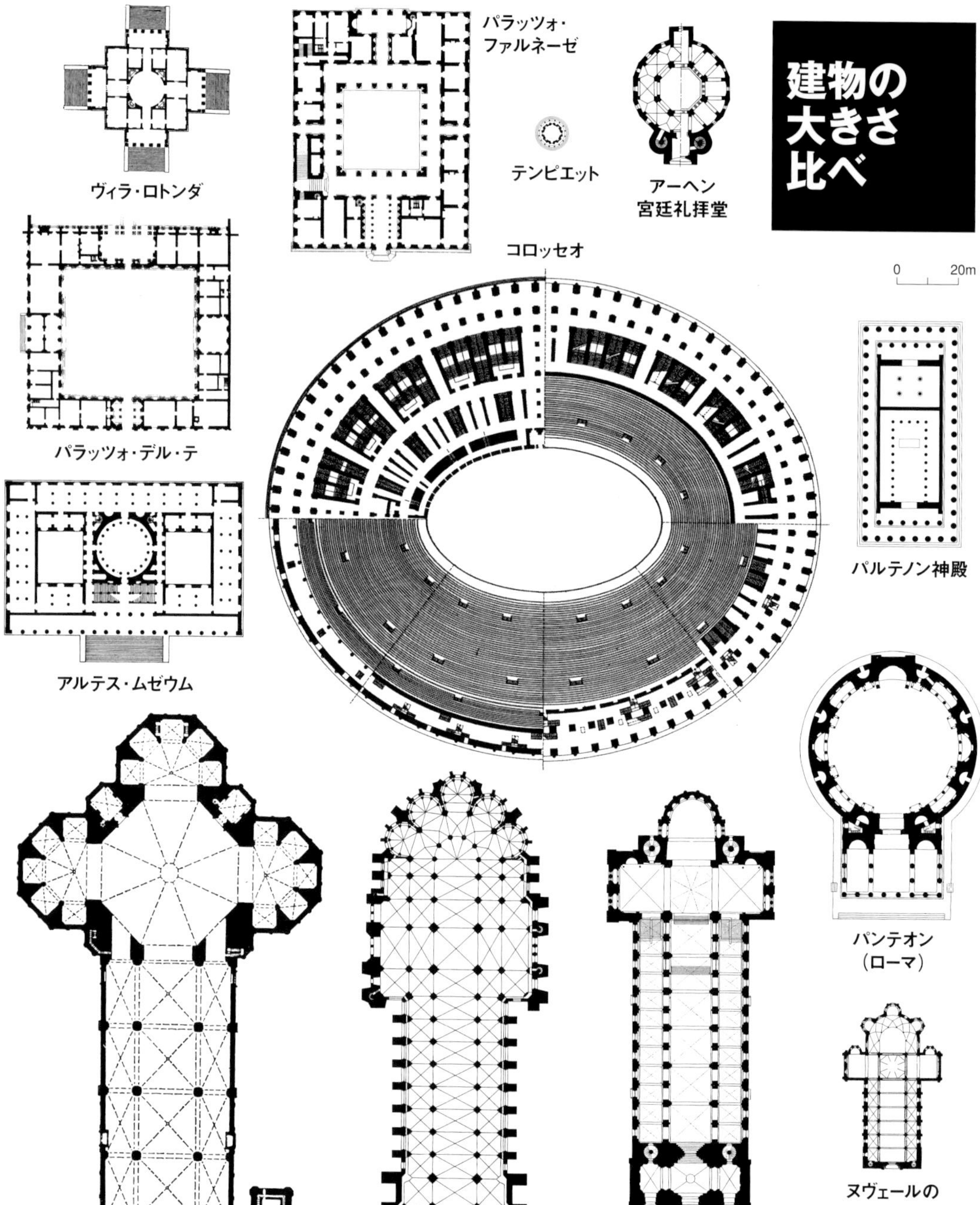
ヴィラ・ロトンダ
パラッツォ・ファルネーゼ
テンピエット
アーヘン宮廷礼拝堂
コロッセオ
0
20m
パラッツォ・デル・テ
パルテノン神殿
アルテス・ムゼウム
パンテオン（ローマ）
フィレンツェ大聖堂
ランス大聖堂
シュパイヤー大聖堂
ヌヴェールのサンテチェンヌ聖堂

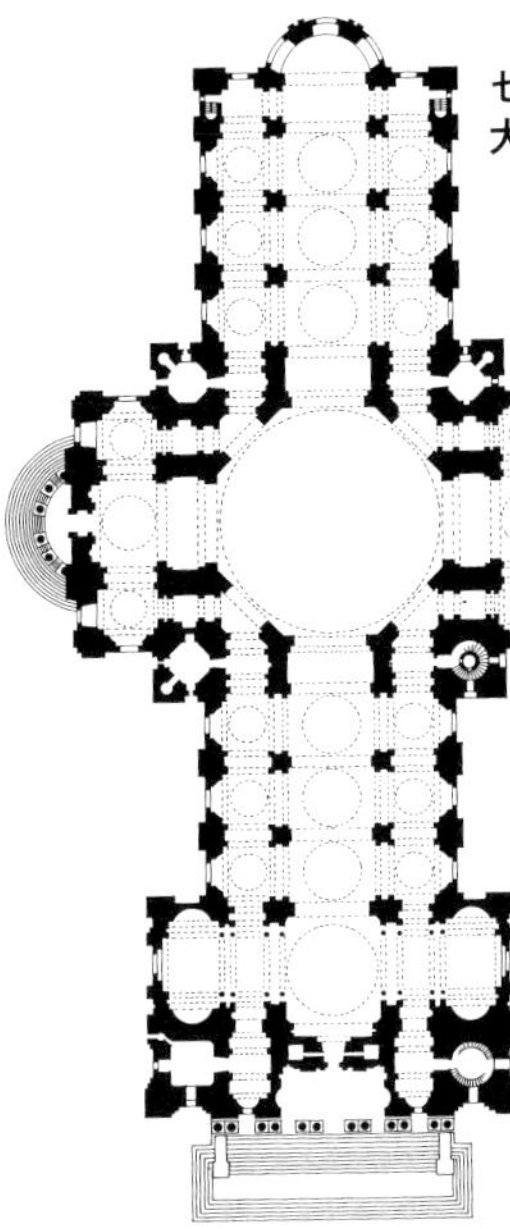

セント・ポール
大聖堂

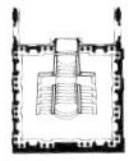

ロレンツォ
図書館前室

サン・カルロ・
アレ・カトロ・
フォンターネ聖堂

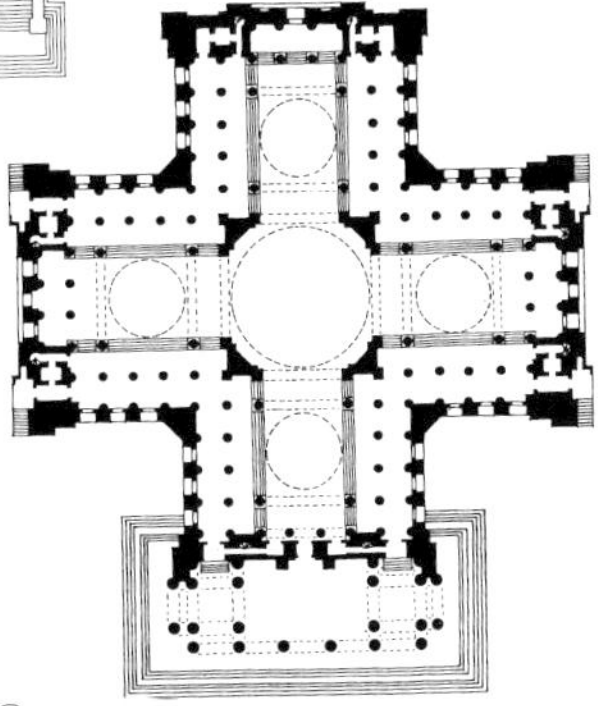

パンテオン(パリ)

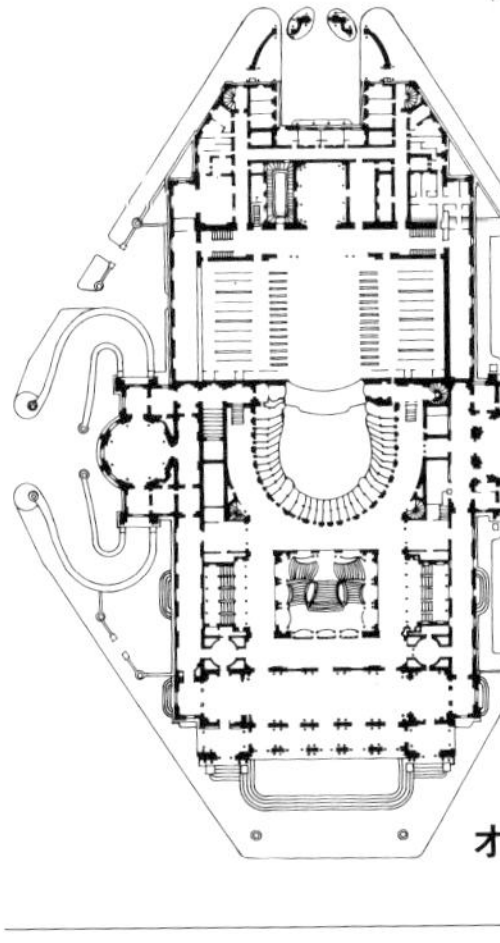

オペラ座

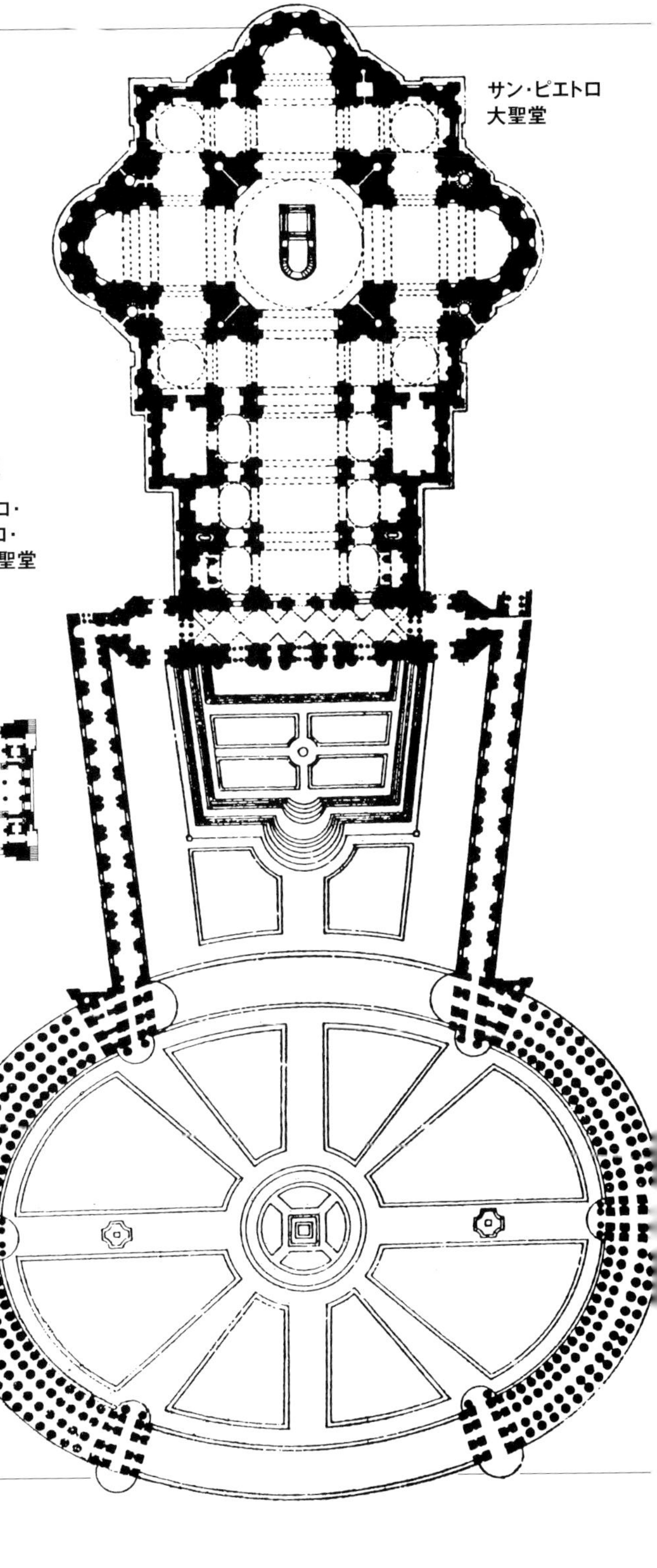

サン・ピエトロ
大聖堂

column

日本の西洋建築

二度目の変革

日本の建築は、歴史上二度にわたる大きな変革を受けて、今日に至っている。最初の変革は、六・七世紀における仏教建築の導入であり、第二は、明治期における西洋建築の導入である。仏教建築の導入が国家的な事業としておこなわれたのと同様、西洋建築の導入も、欧米列強を模範とする明治政府の近代化政策の一環として、強力にすすめられた。

欧米から招聘された建築家や技術者たちが、近代化（西洋化）の指導にあたった。なかでも若干二四歳で来日したイギリス人建築家J・コンドルは、鹿鳴館などの名建築を設計する一方、工部大学校（東京大学工学部の前身）の初代教授として、本格的な建築家教育をはじめておこない、日本建築の将来に決定的な役割を果たした。コンドルの教えを受けた最初の日本人建築家たち（辰野金吾、片山東熊、曾禰達蔵など）は、文字どおり建築界を牽引する逸材となって、将来の礎を固めたのである。

歴史主義を反映

ところで、日本が建築を導入しはじめた一九世紀後半のヨーロッパは、歴史主義の時代であった。つまり、ギリシア建築やゴシック建築にとどまらず、過去のあらゆる様式が復興され、相対化・等価値化された時代である。好みはあるにしても、依頼主の要求や条件に応じて、どんな時代の様式であれ巧みに設計できる建築家が、この時代の優れた建築家であった。日本の近代建築は、その出発点において、ヨーロッパの歴史主義の波をまともに受けたわけである。

そのようなわけで、日本銀行（辰野）や赤坂離宮（片山）がネオ・バロックで、東京駅が（辰野独自の）ネオ・ルネサンスで、慶応義塾図書館（曾禰）がネオ・ゴシックで、時代が下って明治生命館が新古典主義で建てられるなど、当時のヨーロッパの状況がそのまま日本の建築界に反映されたのである。

国家の威信を示すための建物には、左右対称で威厳と安定性がある古典系の様式が、なかでも華麗なネオ・バロックやネオ・ルネサンスが好まれたようである。銀行や保険会社のように、企業的合理精神を示し、かつ信頼感を与える必要がある場合には新古典主義が、そして、中世に起源を発する大学には、合理性よりも学問の深遠性を示すために、ネオ・ゴシックがふさわしいと考えられたようである。

慶応義塾大学図書館

赤坂離宮（現迎賓館）

参考文献

【全般】

香山壽夫『建築意匠講義』東京大学出版会　1996年

和辻哲郎『風土』岩波書店　1963年

宮川英二『風土と建築』彰国社　1986年

小林文次・他『建築学大系5　西洋建築史』彰国社　1973年

日本建築学会編『西洋建築史図集　三訂版』彰国社　1986年

小林文次・他訳　N・ペブスナー『新版ヨーロッパ建築序説』彰国社　1989年

鈴木博之監訳　S・コストフ『建築全史』住まいの図書館出版局　1990年

熊倉洋介・他『西洋建築様式史』美術出版社　1995年

飯田喜四郎・小寺武久監訳　J・モスグローブ『フレッチャー世界建築の歴史』西村書店　1996年

鈴木博之編『図説年表　西洋建築の様式』彰国社　1998年

前川道郎訳　C・N・シュルツ『西洋の建築』本の友社　1998年

西田雅嗣編『ヨーロッパ建築史』昭和堂　1998年

西田雅嗣・矢ケ崎善太郎編『図説　建築の歴史』学芸出版社　2003年

陣内秀信・他『図説　西洋建築史』彰国社　2005年

【古典系】

森田慶一訳註『ウィトルーウィウス建築書』東海大学出版会　1979年

鈴木博之訳　J・サマーソン『古典主義建築の系譜』中央公論美術出版　1989年

吉田鋼市『オーダーの謎と魅惑』彰国社　1994年

堀内清治編『世界の建築2　ギリシア・ローマ』学習研究社　1982年

伊藤重剛訳　J・J・クールトン『古代ギリシアの建築家』中央公論美術出版　1991年

伊藤重剛訳　R・マルタン『図説世界建築史3　ギリシア建築』本の友社　2000年

桐敷真次郎訳　J・B・ウォード・パーキンス『図説世界建築史4　ローマ建築』本の友社1996年

河辺泰宏『図説　ローマ』河出書房新社　2001年

鈴木博之編『世界の建築6　ルネサンス・マニエリスム』学習研究社　1983年

桐敷真次郎訳　P・マレー『図説世界建築史10　ルネサンス建築』本の友社　1998年

山田智三郎編『世界の建築7　バロック・ロココ』学習研究社　1982年

加藤邦男訳　C・N・シュルツ『図説世界建築史11　バロック建築』本の友社　2001年

土居義岳訳　R・ミドルトン、D・ワトキン『図説世界建築史13　新古典主義・19世紀建築(1)』本の友社　1998年

鈴木博之訳　R・ミドルトン、D・ワトキン『図説世界建築史14　新古典主義・19世紀建築(2)』本の友社　1998年

【中世系】

柳宗玄編『世界の建築4　ロマネスク・東方キリスト教』学習研究社　1983年

飯田喜四郎訳　H・E・クーバッハ『図説世界建築史7　ロマネスク建築』本の友社　1996年

辻本敬子・ダーリング益代『図説　ロマネスクの教会堂』河出書房新社　2003年

前川道郎『ゴシックと建築空間』ナカニシヤ出版　1978年

飯田喜四郎編『世界の建築5　ゴシック』学習研究社　1982年

前川道郎・黒岩俊介訳　L・グロデッキ『図説世界建築史8　ゴシック建築』本の友社　1997年

前川道郎訳　H・ヤンツェン『ゴシックの芸術』中央公論美術出版　1999年

佐藤達生・木俣元一『図説　大聖堂物語』河出書房新社　2000年

鈴木博之・豊口真衣子訳　C・ブルックス『ゴシック・リヴァイヴァル』岩波書店　2003年

●著者略歴

佐藤達生（さとう・たつき）

一九五二年、新潟県生まれ。名古屋大学工学部建築学科卒業。同大学院工学研究科博士前期課程修了。

一九八三年、名古屋市都市美観建築賞共同受賞。

一九八六年、『ゴシック空間の形成過程に関する研究』で工学博士。

一九八七年、同研究にて日本建築学会東海賞受賞。

一九九〇年〜二〇〇一年、ハギア・ソフィア大聖堂（イスタンブール、トルコ）の学術調査隊に測量の責任者として参加。

現在、大同工業大学教授。専門は西洋建築史。

主著に『フレッチャー　世界建築の歴史』（共訳、西村書店）、『世界美術大全集9　ゴシック1』（共著、小学館）、『図説　大聖堂物語』（共著、河出書房新社）、『ハギア・ソフィア大聖堂学術調査報告書』（共編著　中央公論美術出版）など。

ふくろうの本

図説　西洋建築の歴史　美と空間の系譜

二〇〇五年　八　月二〇日初版印刷
二〇〇五年　八　月三一日初版発行

著者……………………佐藤達生
装幀・デザイン…………ファイアー・ドラゴン
発行……………………河出書房新社
東京都渋谷区千駄ヶ谷二-三二-二
電話　〇三-三四〇四-一二〇一（営業）
　　　〇三-三四〇四-八六一一（編集）
http://www.kawade.co.jp/
発行人…………………若森繁男
印刷……………………大日本印刷株式会社
製本……………………加藤製本株式会社

ISBN4-309-76069-4
定価はカバー・帯に表示してあります。
落丁・乱丁本はお取替えいたします。